Bertram · Rüsenberg | Improvisieren!

[Was bedeutet das alles?]

Georg W. Bertram
Michael Rüsenberg

Improvisieren!

Lob der Ungewissheit

Reclam

RECLAMS UNIVERSAL-BIBLIOTHEK Nr. 14164
2021 Philipp Reclam jun. Verlag GmbH,
Siemensstraße 32, 71254 Ditzingen
Gestaltung: Cornelia Feyll, Friedrich Forssman
Druck und Bindung: Eberl & Koesel GmbH & Co. KG,
Am Buchweg 1, 87452 Altusried-Krugzell
Printed in Germany 2021

ISBN 978-3-15-014164-9

Auch als E-Book erhältlich

www.reclam.de

Inhalt

Prolog

Dieser Essay plädiert für ein anderes Verständnis vom Improvisieren und damit für eine andere Sicht auf uns Menschen. Er will mit einigen Irrtümern aufräumen, die uns eine klare Sicht auf uns und auf die Bedeutung des Tuns im Offenen gleichermaßen versperren. Wir sollten lernen, im Improvisieren eine Stärke zu sehen, die uns als Menschen ausmacht.

Die folgenden Überlegungen sind das Ergebnis einer Bemühung, die in unterschiedlichen Akzenten verläuft: auf der einen Seite das Interesse für viele Bereiche, in denen improvisatorische Praktiken und Strukturen anerkanntermaßen relevant sind, und für all das, was sich in Bezug auf das Improvisieren sagen lässt und was dazu gesagt wird; auf der anderen Seite das Nachdenken über den Begriff der Improvisation, seine Bedeutung für menschliche Praktiken sowie über die Gründe, deretwegen diese Bedeutung immer wieder verborgen bleibt. Beide Ansätze werden in dem vorliegenden Essay zusammengeführt.

Den Ausgangspunkt bildet die Frage, warum wir das Improvisieren oft falsch verstehen. Dieser programmatische Auftakt führt uns zum Jazz im Besonderen sowie zur Musik und den Künsten im Allgemeinen, der Wahlheimat des Improvisierens. Dass das Improvisieren sich auf diese Bereiche nicht eingrenzen lässt, zeigt ein Blick auf etwas, das uns sehr vertraut ist, auf das Gespräch. Im Anschluss geht es um Evolution, Tiere und Medizin sowie schließlich um Politik, Management und Organisation sowie Fußball und Recht. In einigen dieser Bereiche wird schon jetzt von Improvisation gesprochen, in vielen aber auch nicht – in nicht wenigen ist der Begriff sogar verpönt. Wir wollen zeigen, wie der Blick auf konstitutiv improvisatorische Momente uns hilft, die Dinge klarer zu sehen.

Die einzelnen Abschnitte des Essays sind so gestaltet, dass

sie sich auch unabhängig voneinander lesen lassen. Zuletzt hängen sie aber doch miteinander zusammen. Sie bilden einzelne Stationen auf dem Weg zu einem umfassenderen Verständnis davon, was Improvisieren für uns bedeutet.[1]

Warum das Improvisieren oft falsch verstanden wird

Mit dem Improvisieren ist das so eine Sache. Wenn wir nicht gerade an die Jazzmusik denken, kommt es uns eigenartig vor. Dort scheint man damit viel anfangen zu können. Aber in unserem eigenen alltäglichen Leben? Der Improvisation haftet der Ruf des Beliebigen an, des Halbfertigen, nicht ganz Gelungenen. Improvisation verspricht höchstens eine Lösung für den Augenblick, doch im Anschluss muss eine Sache wetterfest gemacht werden.

Wir halten diese Perspektive für falsch. Wir gehen davon aus, dass Menschen sich in vielerlei Hinsicht durchaus auf das Improvisieren verstehen. Sie missverstehen sich aber darin, was dies für sie bedeutet. Sie halten Improvisation überwiegend für etwas, das nur dann erforderlich wird, wenn sie nicht (ausreichend) vorbereitet sind, wenn etwas schiefgeht – oder wenn ein Ereignis unerwartet und urplötzlich eintritt: ein Unfall. Vielleicht benutzt man den Begriff ab und an beim Kochen, doch eher dann, wenn man einen Fehler in der Zubereitung oder das Fehlen einer Zutat auszubügeln hat. In den Künsten setzen wir oft bewusst auf Risiko, darauf, dass etwas anders als geplant verlaufen und so auch schiefgehen könnte: Das erhöht die Spannung und macht einen besonderen künstlerischen Reiz aus.

Dieses Verständnis von Improvisieren wollen wir in Frage stellen, denn wir sollten es überwinden. Um das zu zeigen, müssen wir weiter ausholen.

Beginnen wir mit dem, was normalerweise als Gegenteil des Improvisierens verstanden wird. Für das Gegenteil haben wir viele Ausdrücke: komponieren, sich sicher sein, über verlässliche Fähigkeiten verfügen, vernünftig sein, aus festen Grundsätzen und Strukturen heraus und nach wohlüberlegter Planung handeln, eine bestimmte Strategie verfolgen. Mit Ausdrücken dieser Art wird nach landläufiger Meinung auch das Besondere beziehungsweise das Ziel des menschlichen Lebens angesprochen. Die Besonderheit des Menschen liegt, so scheint es, darin, dass er sich in seinen Fähigkeiten und seinen Möglichkeiten absichert und Festigkeit gewinnt.

Der griechische Philosoph Platon (um 428–347 v. Chr.) entwickelte in seinen Dialogen ein Programm der Erinnerung an Urbilder, die dem Menschen Stabilität verleihen sollen. Dabei erkennt er das Grundproblem menschlicher Existenz in der Flüchtigkeit all dessen, was uns umgibt. Die Welt und die Umstände, in denen wir uns befinden, ändern sich von Tag zu Tag und sogar von Moment zu Moment. In dem, womit wir konfrontiert sind, findet sich keinerlei Konstanz. Unsere Existenz ist umgeben von flackernden Schatten, wie sie in Platons Gleichnis vor den Höhlenbewohner*innen an die Wand geworfen werden. Nicht nur Platon hat aus dieser Grundsituation der menschlichen Existenz heraus den Schluss gezogen, der Mensch habe aus sich heraus für Verlässlichkeit und Festigkeit zu sorgen. Er muss sich an Bestimmungen halten können, die ihm Sicherheit geben. Diese Bestimmungen liegen entweder, wie Platon denkt, jenseits unserer Sinnenwelt oder sie müssen, wie in der Neuzeit immer wieder behauptet, vom Menschen selbst entwickelt werden.

Dieses Bild des Menschen wurde in der Aufklärung und dort von seinem wichtigen Vertreter Immanuel Kant (1724–1804) bekräftigt. Versteht Kant Aufklärung als den »Ausgang des Menschen aus seiner selbst verschuldeten Unmündigkeit«[1], so begegnet er dieser Unmündigkeit damit, das menschliche Tun durch selbstgesetzte Regeln zu stabilisieren. Dies soll dadurch geleistet werden, dass man das eigene Handeln an Regeln orientiert, die für alle gelten können. Der entsprechende kategorische Imperativ lautet (in einer seiner Formulierungen): »[H]andle nur nach derjenigen Maxime, durch die du zugleich wollen kannst, daß sie ein allgemeines Gesetz werde.«[2] Es gilt, eine Gesetzgebung der bzw. durch Vernunft zu realisieren.

Was im abendländischen Denken so prominent vertreten wurde, bestimmt das Selbstverständnis von Menschen weit über diesen Kontext hinaus. Prägend wurde der Gedanke, dass das Ziel des menschlichen Lebens in Selbststabilisierung liegt. Und genau dieser Gedanke ist mit einem bestimmten Verständnis des Improvisierens verknüpft. Vielen ist Improvisieren verdächtig und darf nur dann durchgeführt werden, wenn die Selbststabilisierung in bestimmten Momenten und in Bezug auf spezifische Umstände nicht greift.

Denken wir zum Beispiel an die Medizin: Fragt man Chirurg*innen, ob sie improvisieren, dann werden einige sicher die Frage empört zurückweisen. Wer seine Materie beherrscht, der muss nicht improvisieren. Er weiß genau, was er tut. Aber stimmt das? Wodurch zeichnet sich etwa eine Chirurgin aus, die ihr Metier beherrscht und die über viel Erfahrung verfügt? Offensichtlich dadurch, dass sie auch mit schwierigsten Situationen umzugehen vermag.

Es ist charakteristisch für unsere menschliche Existenz, dass wir mit Unsicherheiten umgehen lernen und sie für uns produktiv machen können. Wir können Unsicherheiten sogar dezidiert suchen und tun dies auch oft. Dafür haben wir improvisatorische Fähigkeiten entwickelt.

Mit diesen Fähigkeiten ist ein zeitlicher Aspekt verbunden, der sich von der Wortgeschichte her erschließen lässt. Das Wort Improvisation kommt aus dem Italienischen (also nicht aus dem Lateinischen, wie man vielleicht denken mag). Das italienische *improvvisare* (›aus dem Stegreif agieren‹) ist ein Verb, das von *improvviso* (›unerwartet, unvorhergesehen, unvermutet‹) abgeleitet ist. *Improvviso* lässt sich wiederum auf das lateinische

Verb *providere* (›vorhersehen‹) und die mit ihm zusammenhängende verneinende Form des Partizip Perfekt Passiv *improvisus* (›unerwartet, unvorhergesehen‹) zurückführen. Improvisieren ist also ein unvorhergesehenes Tun, das auf die Zukunft verweist. Es stellt aus sich heraus die Frage, was man mit ihm anfangen kann.

Das Substantiv Improvisation lenkt den Blick stärker auf das Ergebnis. Doch wenn wir beim Verb bleiben, wird die offene Struktur deutlicher. Wer etwas Unvorhergesehenes tut, ist auf die Zukunft hin orientiert, in der sich entscheiden wird, was die Mitwelt aus dem Angebot macht.

Leicht gewinnt man den Eindruck, dass all das, was von normaler Funktionalität und Beherrschung abweicht, als ›improvisiert‹ bezeichnet wird. Ein markantes Beispiel dafür sind die sogenannten »improvisierten Sprengfallen«, »improvised explosive devices« (IEDs), eine Abart der Landmine. Ein scheinbar arglos zurückgelassener Turnschuh beispielsweise kann sich als eine solche Waffe erweisen. Ihre Herstellung erfordert die strikte Einhaltung eines Planes; dass dabei zur Tarnung unkonventionelle Bausteine verwendet werden, widerspricht ihrer Funktionalität nicht. Improvisation ist dabei nicht im Spiel. Hier wiederholt sich in zugespitzter Weise das bereits angesprochene Missverständnis: Improvisieren gilt als Abweichung vom beherrschbaren Normalfall. All das, was nicht in das Bild geregelter Abläufe und Gegenstände passt, gilt als improvisiert. Damit aber wird das Improvisieren falsch verstanden.

Dieser Essay plädiert dafür, dass wir unser Selbstverständnis ändern sollten. Wir verstehen uns als menschliche Wesen nur dann richtig, wenn wir uns von Fähigkeiten her begreifen, die es uns erlauben, unvorbereitet zu sein und im Ungewissen zu agieren. Es geht um Fähigkeiten, mittels deren wir uns auf Situationen, mit denen wir nicht gerechnet haben, vorbereiten. Für solche Fähigkeiten spielen Regeln – zum Beispiel guter chirurgischer Praxis – zweifelsohne eine wichtige Rolle. Doch werden wir mittels dieser Regeln allein keine Selbststabilisierung erreichen. Zu ihr gelangen wir erst dann, wenn die Regeln in Verbindung mit denjenigen Vermögen stehen, die es uns erlauben, dort weiterzukommen, wo alle eintrainierten Abläufe uns nicht mehr weiterhelfen.

Beziehen wir uns noch einmal auf das Bild Platons: Es ist richtig, dass gerade die natürlichen Umgebungen, in denen wir leben, uns mit stetem Wandel konfrontieren. Wenn wir uns gegen den Wandel stabilisieren, erreichen wir nur, dass wir den Kontakt zu dem, was uns umgibt, verlieren. Wollen wir diesen Kontaktverlust vermeiden, müssen wir die Instabilität dessen, was uns umgibt, anerkennen und für uns produktiv machen. Das schaffen wir durch improvisatorische Fähigkeiten, die die Grundlage für die produktive Form von Stabilisierung abgeben, die wir erlangen können.

Die Plausibilität dieses Gedankens können wir uns vor Augen führen, wenn wir an Krisensituationen denken. Gerät die Welt – wie in der Corona-Pandemie – aus der Bahn, werden wir nicht mit der Situation zurechtkommen können, wenn wir ausschließlich auf feste Schemata setzen. All die Zusammenhänge gesellschaftlichen Lebens, die fixiert sind, geraten in einer solchen Situation in größere Schwierigkeiten. Die Bereiche und Institutionen hingegen, die darauf eingestellt sind, sich immer wieder aus sich selbst heraus zu verändern, werden deutlich besser zurechtkommen.

Verwaltungsapparate und Unternehmen der Dienstleistungsbranche geben charakteristische Beispiele ab. Während Erstere angesichts unerwarteter Herausforderungen vielfach nicht von den etablierten Abläufen und Routinen abweichen können und in Untätigkeit verfallen, haben sich Letztere grundsätzlich darauf eingestellt, schnell auf sich verändernde wirtschaftliche Situationen reagieren zu können. Die vielfältige

Verwendung des Improvisationsbegriffs in neuerer Literatur zur Unternehmensführung dokumentiert dies eindrücklich.

Wenn wir also in dieser Weise unser Selbstverständnis korrigieren, müssen wir auch den fehlgeleiteten Begriff der Improvisation überwinden, der mit dem falschen Selbstverständnis verbunden ist, das auf eine alle Kontingenzen abwehrende Form von Festigkeit setzt. Warum ist dies Verständnis von Improvisation unzureichend? Zwei Aspekte sind entscheidend:

Erstens beruhen Improvisationen auf komplexen Vorbereitungen, auf einem Erwerb besonderer Fähigkeiten. Gerade wenn wir – aus Sicht unseres problematischen Selbstverständnisses – alltäglich zum Improvisieren gezwungen sind, brauchen wir solche Fähigkeiten. Sollten uns die richtigen Materialien oder Werkzeuge für eine handwerkliche Aufgabe oder die passenden Zutaten für ein Kochrezept fehlen, kommen wir nicht weiter, wenn wir nur über ein eng umrissenes Set von Handgriffen verfügen. Wir müssen Fähigkeiten entwickeln, die es uns erlauben, auch unbekannte Wege zu gehen.

Und weiter beim Kochen: Eine Köchin, die viel Erfahrung hat, wird bei unerwarteten Problemen mit den Zutaten anders zurechtkommen als jemand, der nur selten und ohne größeren Enthusiasmus kocht. Die Köchin kann besser improvisieren. Das liegt daran, dass sie über weiter entwickelte Fähigkeiten des Improvisierens verfügt. Dass die Fähigkeiten bei ihr weit entwickelt sind, heißt aber nicht, dass sie bei einem Alltagskoch nicht auch vorliegen könnten. Alles Kochen beruht auf improvisatorischen Fähigkeiten. Aus diesem Grund ist die Gleichung ›aus mangelnder Vorbereitung und Planung folgt Improvisation‹ grundfalsch. Auch den kleinen und großen Improvisationen unseres alltäglichen Lebens wird diese Gleichung nicht gerecht.

Man nimmt anscheinend an, dass Improvisationen letztlich nur in Situationen zustande kommen, in denen es an Möglichkeiten beherrschten Vorgehens fehlt. Damit ist der Gedanke verknüpft, dass Improvisieren eine Art *trial and error* sei. Wo improvisiert werden muss, kann etwas genauso gelingen, wie es immer auch schiefgehen kann. Umgekehrt wird dadurch (fälschlich) nahegelegt, dass nur dort, wo wir nach festen Regeln vorgehen, etwas gelingen kann. In der Improvisation hingegen soll gelten: Es kann gut gehen – oder auch nicht.

Die These, das Improvisieren sei grundsätzlich nicht abgesichert, zeigt noch einen anderen wichtigen Punkt. Es sieht so aus, als entstehe im Improvisieren etwas gewissermaßen aus dem Nichts heraus, als komme es zu einer *creatio ex nihilo*. Aber Improvisationen kommen nicht aus dem Nichts. Wer keine improvisatorischen Fähigkeiten erworben hat, kann in unerwarteten Situationen nicht bestehen.

Wenn man beim Kochen auf ein fest umrissenes Set der Kombination von Zutaten eingeschränkt ist, dann bleibt einem im Falle einer fehlenden Zutat einfach kein Spielraum. Das gilt ähnlich in der Chirurgie. Wer auf bestimmte Handgriffe festgelegt ist, der kann nicht reagieren, wenn diese Handgriffe nicht anwendbar sind. Kurz: Das Improvisieren kommt nicht aus dem Nichts, sondern beruht auf Erfahrung, Geistesgegenwart und eintrainiertem Vorgehen.

Das bringt uns zum zweiten Aspekt, den es in Bezug auf Improvisationen zu revidieren gilt. Improvisationen gelten als ein regelloses Tun.

Aber das sind sie nicht. Ganz offenkundig wird dies in den Künsten. Wenn im Jazz, im Tanz oder im Theater improvisiert wird, dann sind immer Regeln im Spiel, die entweder im Voraus verabredet worden sind oder die – mehr noch – im Zuge des Improvisierens selbst etabliert werden. Die Regeln können sich auf wenige Punkte beschränken, sie können sich auch darin zeigen, bestimmte Vorgehensweisen oder Formen auszuschließen. In künstlerischen Improvisationen (auch im Free

Jazz) ist nicht einfach alles zulässig. Und mehr noch: Diese Improvisationen macht gerade aus, dass die Improvisierenden in ihrem Zusammenspiel neue Regeln entwickeln und fortführen. Es bedarf dazu keiner expliziten Verabredungen.

Doch auch jenseits der Kunst unterliegen Improvisationen Regeln. Wenn mir zum Beispiel die richtige Schraube fehlt, um zwei Holzstücke zu verbinden, dann kann ich nicht einfach irgendetwas anderes machen. Ich bin in meinem Improvisieren an mein Ziel gebunden, eine funktionierende Verbindung herzustellen. Auch in einer Mahlzeit kann ich das fehlende Gewürz nicht einfach irgendwie ersetzen. Ich sollte am Ende etwas realisieren, das geschmacklich überzeugend ist.

Hinter der engen Bindung des Improvisierens an Regeln verbirgt sich ein entscheidender Aspekt: Alles Improvisieren ist in Handlungskontexte eingebunden. Wo nicht gehandelt wird, kann auch nicht improvisiert werden. Handeln ist ein zielorientiertes Tun. Sowohl beim Kuchenbacken als auch bei einem Vertragsschluss wird ein gewisses zukünftiges Ziel verfolgt. Im einen Fall handelt es sich um das zu erreichende Ergebnis des Backens, den Kuchen; im anderen Fall um die vertragliche Bindung, die man eingeht. Wo Ziele verfolgt werden, kann es wichtig werden, zu improvisieren, wie auch im Falle der bereits angeführten Beispiele: Sollten die richtigen Materialien für den Zusammenbau des Schrankes nicht verfügbar sein, muss man sich anderweitig zu helfen wissen. In diesem Fall ist man an dem Ziel orientiert, den Schrank so aufzubauen, dass der Schrank den Erwartungen an seine Funktion gerecht wird. Und wenn die Beschaffenheit des Körpers, auf die man beim Operieren trifft, anders ist, als man es kennt, sind Fähigkeiten entscheidend, mit diesen neuen Vorgaben umzugehen.

Im Gegensatz zu einem solchen Handlungskontext, in dem Improvisieren durchaus Leben retten kann, ist die Nützlichkeit des Improvisierens in seinen elaborierten künstlerischen Formen nicht so offensichtlich. Was sollte auch durch eine Jazz- oder eine Tanz-Improvisation realisiert werden? Doch auch in diesem Fall kann man das Ziel klar bestimmen: Es handelt sich um guten Jazz oder guten Tanz. Wer mit anderen in einem Jazzquartett improvisiert, will gelungene Jazzmusik hervorbringen. Insofern liegt auch hier ein Handeln unter bestimmten Vorgaben vor und nicht etwas, das man als bloße spielerische Aktivität bezeichnen könnte. Es geht im Improvisieren nicht nur um eine Aktivität um der Aktivität willen. Und ebenso wenig um ein zielloses Geschehen.

Setzt man dem Improvisieren beherrschte und geplante Tätigkeit gegenüber, könnte man auf den Gedanken kommen, Improvisieren gelinge dann am besten, wenn der Improvisierende nicht durch Regeln eingeschränkt wird, er sich nicht beherrschen muss, sondern frei und unbeherrscht agieren kann. Sie erscheint als etwas, das aus natürlichem Vermögen heraus zustande kommt. So ist auch mit dem Gedanken geliebäugelt worden, die natürliche Evolution als ein improvisatorisches Geschehen zu begreifen. Doch ›die Natur‹ improvisiert nicht, da sie kein Ziel verfolgt. In ihr waltet blindes Geschehen. Improvisationen aber verlaufen nicht blind (auch wenn Improvisierende vielfach nicht Rechenschaft darüber ablegen können, wie genau sie etwas warum getan haben), da sie grundsätzlich mit Zielen verbunden sind, um die es im improvisatorischen Handeln geht.

Insofern müssen wir lernen, Improvisieren nicht aus einem Gegensatz zur beherrschten Tätigkeit heraus zu verstehen. Improvisieren ist, so könnte man sagen, eine andere Art beherrschter Tätigkeit, ein kontrollierter Kontrollverlust. Beherrschung ist in der Improvisation nicht an festgelegte, stabile Regeln gebunden. Vielmehr liegt die Beherrschung der Improvisation in der situativen Veränderung von Regeln und einem gelingenden Antworten auf etwas, mit dem man nicht gerechnet hat. Dieses Unerwartete kann sich in unterschiedlichen Dringlichkeiten zeigen, vom unerwarteten Akzent des Schlagzeugers in einer Jazzperformance[3] bis zu der lebensbedrohenden Explosion eines Sauerstofftankes wie beim Flug der Apollo 13 (wir kommen darauf zurück; s. S. 51 f.).

Wenn wir unser Verständnis des Improvisierens entlang dieser vorbereitenden Überlegungen revidieren, dann öffnen wir uns Spielraum für ein neues Selbstverständnis. Wir sind Lebewesen, die Fähigkeiten des Improvisierens entwickelt haben. Mittels dieser Fähigkeiten gelingt uns etwas Einzigartiges: Wir können etwas, was uns unverhofft widerfährt, für uns produktiv machen. Wir unterscheiden uns diesbezüglich nicht von den ›Expert*innen‹, an denen wir die Kunst des Improvisierens bewundern. Wir erleiden Unvorhergesehenes nicht einfach nur und verbleiben in Schockstarre, sondern können uns im improvisierenden Problemlösen weiterentwickeln.

Wir werden im weiteren Verlauf dieses Essays unterschiedlichste Kontexte des menschlichen Lebens und der für es relevanten gesellschaftlichen Praktiken auf die Bedeutung des Improvisierens in ihnen beleuchten. Damit wollen wir weitere Teile des Puzzles finden und zusammensetzen, das am Ende ein neues Verständnis des Improvisierens und seiner Bedeutung für den Menschen zeigen wird.

Improvisieren im Jazz und darüber hinaus

Was ist Improvisation? So lautet die für unsere Überlegungen grundlegende Frage. Was läge näher, als mit ihr beim Jazz anzusetzen – und bei jemandem, der sich damit ohne jeden Zweifel auskennt, bei Keith Jarrett (*1945)? Viele würden ihn sicher gerne nach seinem Verständnis von Improvisation fragen, beispielsweise einige der mehr als vier Millionen, die in physischer Form das Werk besitzen, das zumindest quantitativ wie ein Olymp aus seinem umfangreichen Œuvre herausragt: »The Köln Concert«, der Mitschnitt aus der Kölner Oper vom 24. Januar 1975, in dem der Pianist eine gute Stunde lang improvisiert. Das Album avancierte zum bestverkauften Piano-Solo-Album aller Genres.

»Wie machst du das?«
»Was?«
»Aus dem Nichts heraus spielen.«

Das ist der Beginn eines kurzen Dialoges Ende der 1960er Jahre in einem amerikanischen Jazzclub. Bevor es einem Musiker gelingt, Jarrett in seine Band zu holen, richtet er diese Frage an ihn – er selbst ein Musiker, der zu diesem Zeitpunkt schon über eine zwei Jahrzehnte umfassende und bedeutende Improvisationspraxis verfügt: Miles Davis (1926–1991). Miles Davis also fragt Keith Jarrett. Und der sagt: »Ich mach's einfach!«

Viele Jahre später, als er sich selbst erneut diese Frage vorlegt, weiß Jarrett noch immer keine befriedigende Antwort zu geben: »Ich habe keine Ahnung, wie der ›spontane Komponist‹ sein Material erzeugt oder wie der ›freie Improvisator‹ frei bleibt.«[1]

So oder ähnlich beschreibt sich die Jazzszene selbst, indem sie ihr oft genanntes, auffälligstes Kennzeichen feiert: die spontane Erfindung aus dem Moment heraus, ohne erkennbare Vorbereitung, also die Improvisation. Und es bedürfte vermutlich keines großen Aufwandes, um diese Selbsteinschätzung auch extern, im Rahmen einer repräsentativen Umfrage zu bestätigen: *Der* Ort der Improvisation ist der Jazz. Selbst wer die Musik nicht mag, wird sich dieser Zuschreibung nicht verweigern (vielleicht ist das Improvisieren sogar der Grund für die Abneigung).

Was aber macht Improvisation im Jazz aus? In der Jazzwelt finden wir Stimmen, die eine Musik schon dann für ›Jazz‹ halten, wenn sie wissen, dass sie improvisiert ist. Sie überhören, dass andere Parameter, zum Beispiel die rhythmische Eigenschaft ›swing‹, in weitaus höherem Maße als Alleinstellungsmerkmal taugen; und sie übergehen große Teile seiner Geschichte, nämlich die Zeit vor dem Modern Jazz bzw. vor dem Beginn des Bebop in den frühen 1940er Jahren. Davor, im New Orleans Jazz, wurde wenig improvisiert, und auch für die Ära des Swing etwa in den Big Bands von Paul Whiteman (1890–1967), Tommy Dorsey (1905–1956) und Benny Goodman (1909–1986) hatte das Improvisieren bei weitem nicht die Relevanz wie in späteren Jazzstilen.

Der Musikwissenschaftler Björn Heile analysierte in dieser Hinsicht Videos von Tourneen des Duke Ellington Orchestra in den Jahren 1969 und 1971; er entdeckt darin wenig Spontaneität und ganz überwiegend Routine; so greift er heraus, dass beispielsweise der Trompeter 1971 (Cootie Williams, 1911–1985) in »Take the A-Train« ein Solo spielt, das sich nur marginal von dem seines Vorgängers 1941 im selben Stück unterscheidet (Ray Nance, 1913–1976, der seinerseits seine Soli jeweils Note für Note wiederholen konnte). Ellingtons (1899–1974) Praxis, folgert Heile, sei »weitgehend inkompatibel mit dem Jazz-Mythos«, und wundert sich, »warum ein Element des Jazz, Improvisation, das wesentlich zu manchen seiner Formen gehört, zum Hauptunterscheidungsmerkmal eines ganzen Genres stilisiert wurde«. Kurz: Nur der Jazz selbst habe »Improvisation in den Rang einer Ideologie gehoben«.[2]

Dieses Urteil soll die kreativen Leistungen von Legionen von Jazzmusiker*innen nicht entwerten, sondern ist vielmehr als ein Beitrag zu einer Selbstverständigung im Jazzdiskurs zu verstehen, als eine Bestimmung dessen, was den Jazz ausmacht. Man muss nüchtern feststellen: Es gibt Jazz auch ohne Improvisation.

Wir müssen also konstatieren, dass es nicht weiterführt, Improvisieren mit Jazz zu identifizieren. Zudem werden dem Improvisieren, konkret: dem Solist*innentum, im Jazz klar definierte Räume zugewiesen. Dort spielt sich Improvisation ab; sie lediglich mit minimalen Variationen oder vorformulierten bzw. ›scripted solos‹ auszugestalten, gilt inzwischen als unpassend. Jazz-Komponist*innen (die es heute in zunehmendem Maße gibt) weisen solche Räume ausdrücklich auch deshalb aus, weil in ihnen kreative Lösungen möglich sind, die sich im Rahmen einer Komposition nicht erzielen lassen.[3] Eines der tragenden ästhetischen Prinzipien des Jazz, eine eigene Stimme zum Ausdruck zu bringen, findet auch hier seinen Niederschlag.

Allerdings ist es nicht immer leicht, dort, wo sich Improvisationen ereignen, diese überhaupt als solche zu erkennen, das Neue an ihnen wahrzunehmen. Das bloße Hören einer Performance führt oft nicht weiter. Viele reagieren mit völliger Überraschung: Man habe nie und nimmer gedacht, der Anfang des »Köln Concert« sei spontan entstanden. Und mindestens ebenso oft fragen bei Jazzkonzerten noch Unerfahrene, ob das Solo, das gerade in hohem Tempo erklingt, improvisiert oder vorher notiert worden sei, also memoriert werde. Ohne eine große Vertrautheit mit dem jeweiligen Genre kann man solche Fälle nicht halbwegs verlässlich beurteilen.

Vieles in einer Jazz-Performance ist geregelt. Zu den Konventionen, die dabei im Spiel sind, gehört, dass eine Musikerin für ein Solo mitunter an ein gesondertes Mikrofon tritt, dass andere Bandmitglieder sie in dieser Zeit begleiten oder gar – bei einem Schlagzeugsolo – an den Bühnenrand wechseln oder dass die Bandleaderin nach einem Solo das Publikum durch Nennung des Namens der Solistin zu animieren versucht, zu applaudieren.

Auch aus der Perspektive des Hörens sind vielfältige Konventionen im Spiel. Denn auch diejenigen, die die Musik rezipieren, wirken an ihrem Entstehen mit: Eine Hörerin hat Erwartungen an den Fortgang einer Musik (ohne diese würde sich für sie kein spannungsreicher Musikgenuss ergeben). Doch kann sie zu keinem Zeitpunkt einer Performance das Wissen des Saxophonisten über den nächsten Moment teilen. Auch wenn Letzterem selbst in vielen Momenten des Spielens dessen Zustandekommen unklar sein mag (was oft mit dem Begriff ›Flow‹ erklärt wird, auf den wir noch zurückkommen), so sind seine Intentionen niemals deckungsgleich mit denen seiner Zuhörer*innen.

Dass eine Hörerin mit ihren Erwartungen das prägt, was sie hört, wurde vielfältig belegt. So hat beispielsweise Clément Canonne (*1980) in einer Hörstudie auf ein und dasselbe Musikstück (»frei improvisiert« von Klarinette und Saxophon) sehr unterschiedliche Bewertungen erhalten, je nachdem, ob er vorher angekündigt hatte, es handele sich um komponierte oder improvisierte Musik.[4] Im Falle der Ankündigung, es folge eine Komposition, sei das Stück als strukturelle Einheit wahrgenommen worden, wohingegen die Ankündigung einer Improvisation dazu geführt habe, dass man einen Fokus auf das interaktive und dynamische Moment der Musik gelegt und sie entsprechend beschrieben habe.

Das aktive Mitwirken der Zuhörer*innen wird unter anderem in Bildern beschworen, in denen Musiker*innen sich mit ihrem Publikum sozusagen ›auf Ohrenhöhe‹ wähnen. Keith Jarrett potenziert diese Vorstellung, indem er schreibt:

> Wenn Sie diese Musik hören, dann wissen Sie ganz genau so viel wie wir über den nächsten Moment. […] Der einzige Unterschied zwischen Ihnen – als Zuhörer – und dem Trio [mit Gary Peacock, 1935–2020, und Jack DeJohnette, *1942, Anm. d. A.] ist, dass wir es sind, die physisch in das Unbekannte vorstoßen müssen.[5]

Hier wird noch ein wichtiges Kennzeichen sowohl des Jazz als auch des Improvisierens sichtbar: Der Unterschied zwischen Produktion und Rezeption ist verwischt. Wer produziert, muss zugleich auf andere hören; er ist – so Aaron Berkowitz – beides, »Schöpfer und Zeuge«[6]. Stellen Sie sich einen Saxophonisten vor, der in einem Quartett einfach nur so vor sich hin spielt, ohne etwas von den anderen mitzubekommen. In diesem Fall wird schwerlich eine gelungene Improvisation herauskommen. Derjenige, der in einer Improvisation aktiv ist, muss immer auch zugleich all das wahrnehmen, was um sie oder ihn herum geschieht.

Das Zusammenspiel von eigener Aktivität und dem Hören auf andere weist uns auf den sozialen Charakter der Jazz-Musik. Der Jazzdiskurs betont immer wieder die interaktive und kommunikative Dimension, die sich als eine Struktur wechselseitigen Herausforderns und Aufeinander-Antwortens erläutern lässt. Entsprechend hat es auch Vorschläge gegeben, den Jazz als soziales Modell auch für außermusikalisches Handeln zu begreifen. Am improvisatorischen Zusammenspiel soll abzulesen sein, wie man erfolgreich miteinander zusammenarbeitet – und das beschränkt sich natürlich nicht nur auf Jazz. Der soziale Charakter des Improvisierens findet sich überall dort, wo es, in welcher Form auch immer, zu Improvisationen kommt. Improvisation ist kein Alleinstellungsmerkmal des Jazz.

Ein möglicher Versuch, das Improvisieren allein vom Jazz her zu bestimmen, gestaltet sich schon aus dem Grund schwierig, dass es in vielen Musik-Kulturen der Welt vorkommt – und auch in der Klassischen Musik durchaus präsent ist. In der abendländischen Musik wurde es bis ins 19. Jahrhundert hinein regelmäßig praktiziert (man denke etwa an das Generalbass-Spiel im Barock oder an improvisierte Kadenzen in Solo-Konzerten). Spätestens mit der sogenannten Aleatorik in der Neuen Musik (also durch die Anwendung geplanter Zufallsoperationen, die sowohl in der Komposition als auch in der Interpretation verankert sein können) kehrte es im 20. Jahrhundert wieder, und in der Kirchenmusik ist es nie verschwunden. Die öffentliche Praxis des ›klassischen‹ Improvisierens in Konzertsälen ist heute eher marginal, entfaltet aber, wie unter anderem das Beispiel der Pianistin Gabriela Montero (*1970) zeigt (s. S. 56 f.), durchaus Anziehungskraft.

Wertschätzung genießt die Improvisation in der Klassischen Musik auch in ihren voröffentlichen Momenten, im Prozess des Komponierens. So stünden, sagt der Dirigent Wilhelm Furtwängler (1886–1954), »die großen musikalischen Meisterwerke [...] in weit höherem Maße, als gewöhnlich angenommen wird, unter dem Gesetz der Improvisation«.[7] Viele Werke entstanden, wie man von Bach, Mozart und Beethoven sowie ganz besonders von Chopin weiß, aus Improvisationen heraus. Die »der Niederschrift zugrunde liegende Improvisation«, stellt Furtwängler zufolge sogar oft »den Kern des Schöpfungsprozesses dar«.[8] Das ist zweifelsohne eine Stilisierung des Schaffensprozesses, die von einseitigen genieästhetischen und romantischen Idealen geleitet sein dürfte.

Mit Blick auf Klassische Musik wollen einige das Improvisieren noch an einem weiteren Punkt verorten, und zwar in der Aufführung von Musik. Auch wenn es wichtig sei, die Grenze zwischen im engeren Sinn improvisierten Darbietungen – wie zum Beispiel beim improvisierten Choralvorspiel in der Kirche – und der Aufführung notierter Musik nicht zu verwischen, weise demnach doch auch jede Aufführung improvisatorische Momente auf. Das Erfordernis der Gestaltung aus dem Augenblick heraus liegt unter anderem darin begründet, dass keine Partitur (egal wie ausgefeilt die Notation ist) bis ins letzte Detail regelt, wie die Musik genau zu realisieren ist, und dass Aufführungen sich sowohl wegen der Ausführenden als auch aufgrund des Publikums sowie der räumlichen Gegebenheiten voneinander unterscheiden.

Entsprechend heißt es bei dem Sozialphilosophen Alfred Schütz (1899–1959): »Es gibt keinen prinzipiellen Unterschied zwischen der Performance eines Streichquartetts und den Improvisationen bei einer Jazz-Session von versierten Jazzspielern.«[9] Stimmt das? Wer spontan das Alban Berg Quartett und eine historische Jam-Session aus den 1940er Jahren in einem der Clubs auf der 52. Straße in New York City (in denen ein ›Stück‹ über Stunden dauern konnte) in diesem Sinne zusammendenken und -hören will, wird die von Schütz gezogene Verbindung für abwegig halten.

Denn worüber sprechen wir, wenn wir auf der einen Seite über ein Streichquartett und auf der anderen Seite über eine Jazzcombo sprechen? Im ersten Fall geht es – unabhängig davon, welches Repertoire es vertritt – um ein Ensemble, dessen Spielpraxis sich dem Notentext verpflichtet, von dem es sich nicht spontan abkehren darf. Die offenkundigen Unterschiede in den Aufführungen ein und desselben Ensembles auch bei ein und demselben Werk lassen sich aber mit dem Begriff der Interpretation gut greifen. »Eine Interpretation erfolgt *von* einem Stück, eine Improvisation erfolgt *über* ein Stück«.[10] Auch wenn man improvisatorische Aspekte der Interpretation notierter Musik nicht bestreiten muss, bestehen doch grundlegende Unterschiede zum Improvisieren im Jazz.

Doch was ist mit einem Jazz-Ensemble überhaupt gemeint? Das Spektrum der Auffassung, was Improvisation sei, ist immens zwischen einer New Orleans Band über ein Mainstream-Quintett bis zu einem frei improvisierenden Ensemble, das zwar ohne Absprache und Repertoireplan eine Bühne betritt, aber auch nicht beliebig aufspielt (neben vielen Freiheiten kennt es nämlich auch etliche ›Verbote‹ beispielsweise in Bezug auf tonale Zusammenhänge).

Der Jazz, so könnte man in ironischer Überspitzung sagen, ist immer auch sein Gegenteil. Viele unterschiedliche Jazzstile verbindet miteinander die Erwartung, vielfach auch das Gebot, dass improvisiert wird. Was sie voneinander trennt, sind die unterschiedlichen Freiheitsgrade des Improvisierens. Aber selbst da, wo sie notierter Musik sehr nahekommen, beispielsweise in modernen Jazz Big Bands, wo die Räume für Improvisation eng und durch die Form, eine bestimmte Taktzahl oder einen harmonischen Rahmen festgelegt und auf einzelne Musiker*innen beschränkt sind, ist der Toleranzraum für spontanes Gestalten prinzipiell größer als in den allermeisten Gattungen in der abendländischen Musik.

Dies gilt im Jazz auch dann, wenn es um Standards, also um bekannte Stücke geht, die als Grundlage zur Improvisation dienen können. Standards sind ein wesentliches, wenn auch kein allumfassendes Element des Jazz. An ihnen lässt sich einiges über das lockere Verhältnis zwischen den Vorgaben aus einer Komposition und ihrer improvisatorischen Aktualisierung ablesen. Standards sind die *lingua franca* des Jazz: Songs, meist aus den 1930er bis 1960er Jahren, aus Broadway Shows, Revueschlagern, aber auch Jazz-Kompositionen, die viel gespielt werden.[11]

Gerade weil ein bestimmtes Repertoire vielen vertraut ist und weil sich der Abstand zu den ›Originalen‹ individuell bestimmen lässt, versuchen sich viele an Standards, um die Kraft der eigenen gestalterischen Phantasie zu demonstrieren. Wohlgemerkt, nicht alles dabei entsteht spontan, aus dem Moment heraus. Eine der originellsten, aber auch abweichendsten Methoden, das »arranging the hell out of something« (übersetzt etwa: ›etwas gegen den Strich bürsten‹) des britischen Jazzpianisten Django Bates (*1960), besteht, wie der Begriff nahelegt, darin, ein Stück so umzugestalten, dass das Ergebnis von einer eigenständigen Komposition kaum zu unterscheiden ist.

Der Jazz ist zwar in seiner Vielgestaltigkeit nicht vom Improvisieren zu trennen. Doch hat sich – nicht zuletzt auch durch den Seitenblick auf die Klassische Musik – gezeigt, dass das Improvisieren seinerseits vielgestaltig ist und in seiner Vielgestaltigkeit über den Jazz hinausgeht. Was macht also das Improvisieren jenseits des Jazz aus?

Der Film und die Frage: Lassen sich Improvisationen aufzeichnen?

Gemessen an den verschiedenen Manifestationen von Improvisation in der Musik tritt ihre Praxis im Film weniger offen zu Tage. Viele mögen vielleicht überrascht sein, dass in Bezug auf Film überhaupt von Improvisation die Rede ist. Der Film scheint im Widerspruch zu ihr zu stehen, da ihm eine wesentliche Voraussetzung für Improvisation fehlt: »Film ist niemals im genuinen Sinn des lateinischen Wortes ›improvisus‹ unvorhergesehen«, schreibt Robert Dörre:

> Die Erwartungshaltung der Filmzuschauerin kann demnach nicht auf der Annahme gründen, einer Improvisation beizuwohnen, sondern einer Aufnahme, die mithilfe von Improvisation gestaltet worden ist: eine Improvisation ex post [›im Nachhinein‹].[1]

Gleichwohl wird seit längerem ein Diskurs über Improvisation und Film nicht nur von Cineast*innen, sondern auch in einer breiteren Öffentlichkeit geführt. Ein Auslöser für die deutschsprachige Diskussion dürfte der Film *Victoria* (2015) von Sebastian Schipper (*1968) gewesen sein, ein mehrfach ausgezeichneter Film (so erhielt er den angesehen Deutschen Filmpreis bzw. die Goldene Lola in sechs Kategorien), der ohne Schnitte über zwei Stunden seinen Protagonist*innen durch Berlin folgt. Es gab kein Drehbuch, nur eine grobe Handlungsskizze, der Ablauf wurde zehn Tage lang geprobt. Von drei Dreh-Durchläufen wurde der letzte, der in den frühen Morgenstunden des 27. April 2014 in Berlin-Kreuzberg und Berlin-Mitte aufgenommen worden war, zur finalen Version.

Auch haben in den letzten Jahren mehrere Folgen der

ARD-Krimireihe *Tatort* für Furore gesorgt, die mittels unterschiedlicher Methoden der Improvisation entstanden sind und schon vor der TV-Ausstrahlung hinsichtlich dieser Eigenschaft beworben wurden (zum Beispiel *Waldlust*, 2018, und *Babbeldasch*, 2017, von Axel Ranisch für den SWR).

Den klassischen Anknüpfungspunkt für eine Debatte über Improvisation im Film, wenn auch nicht sein frühestes Exemplar, bietet *Shadows* (1959) von John Cassavetes (1929–1989), ein Film, in dessen Abspann eine Tafel gezeigt wird, auf der man liest: »The film you have just seen was an improvisation.«

Dieser vielzitierte Text ist allerdings alles andere als einfach zu entschlüsseln. Er legt nahe, darüber etwas zu sagen, wie die Schauspieler*innen in dem Film agierten. Es trifft aber nicht zu, dass die Texte der Schauspieler*innen und ihre Handlungen im Moment der Aufnahme improvisatorisch zustande gekommen wären. Zwar wurden Texte und Handlungen in ausführlichen Probe-Workshops mit dem Regisseur improvisatorisch entwickelt; in der Aufzeichnung für das Medium aber gehorchen sie einem Skript. Neu ist hingegen die Beweglichkeit der Kamera; sie folgt den Schauspieler*innen und nicht mehr umgekehrt die Schauspieler*innen den Ausrichtungen der Kamera. Hierin könnte das improvisatorische Moment der Filmproduktion bestehen, das die Selbstkennzeichnung von Cassavetes wiedergibt.

Auch die Nouvelle Vague kannte Improvisation. Als umfangreichstes Beispiel gilt *Out 1* von Jacques Rivette (1928–2016), 1970 gedreht und 1990 fertiggestellt. Der Film hat eine Dauer von zwölfeinhalb Stunden. Darsteller und Team wussten nur von einem sehr losen Rahmen, einer Geschichte von Honoré de Balzac (1799–1850). Sie hatten keinen Überblick über den Verlauf oder das Handlungsgeflecht und mussten Szenen jeweils spontan erfinden. Der Schauspieler Jacques Doniol-Valcroze (1920–1989) berichtet von den Dreharbeiten:

Ich hatte z.B. eine Szene mit Françoise Fabian. Sie holte plötzlich Briefe aus ihrer Tasche und sagte: »Das ist es also, was du mit meinen Briefen machst!« Ich wusste nicht, ob es sich um Liebes- oder Geschäftsbriefe handelte. Und weil ich wissen wollte, worum es ging, sagte ich: »Man muss mir die Briefe gestohlen haben!« Am Nachmittag drehte Rivette dann eine Szene, in der mir Juliet Berto die Briefe stahl – um das zu motivieren, was ich gesagt hatte.[2]

Selten fällt es so leicht, den Ort der Improvisation im mehrstufigen Prozess der Herstellung eines Filmes zu lokalisieren, wie bei Rivette. Der französische Filmtheoretiker Gilles Mouellic, der mit *Improvising Cinema* ein Standardwerk zum Thema vorgelegt hat, betont, wie schwierig es sei, »im Gegensatz zum Jazz von ›improvisiertem Kino‹ zu sprechen«[3]. Film sei keine unmittelbare Performance-Kunst. Ein improvisierter Dialog, eine improvisierte Handlung erreiche die Zuschauer*innen wortwörtlich nach Zwischen-»Schnitten« erst über die Materialität des Films. Die Kamera, die improvisierende Schauspieler*innen aufzeichnet, konserviert nur deren Handlungen. Sie nimmt aber für gewöhnlich nicht teil an deren Improvisationen.

Von dieser Überlegung ausgehend lässt sich die Provokation von Cassavetes noch einmal genauer fassen. Was wäre, so lässt sie sich artikulieren, wenn die Kamera (respektive die sie Bedienenden) ihre starre Haltung aufgebe(n)? Wenn sie nicht mehr nur protokollierte und gewissermaßen selbst nicht wüsste, was als Nächstes passiert? Würde die Kamera dann nicht auch improvisieren?

Genau das geschieht im erwähnten Film *Victoria*: Der Kameramann Sturla Brandth Grøvlen (*1980) setzt über 140 Minuten sein Arbeitsgerät nicht ab. Er ist immer dabei, sei es im Club, auf dem Dach, auf der Straße, in Autos; er bewegt sich zusammen mit den Schauspieler*innen sieben Kilometer durch Berlin, unter anderem bei der Flucht nach einem Banküberfall. Immerhin agiert Grøvlen im Rahmen einer Dramaturgie, ihm stehen Helfer*innen an den verschiedenen Drehorten zu Verfügung, die ihm zum Beispiel Türen öffnen oder ihm im wahrsten Sinne des Wortes den Rücken freihalten.

Stefan Sommer (*1968), der Kameramann im *Tatort* von Axel Ranisch (*1983), wusste hingegen nicht einmal, welche*r Darsteller*in als Nächstes spricht, oft auch nicht, wie eine Handlung sich fortspinnt, wie sie ausgeht. Seine Tätigkeit ist damit verbunden, immer wieder neu Vermutungen darüber anzustellen, was da kommen könnte, um blitzschnell reagieren zu können. Er erfährt eine Situation in gleicher Unmittelbarkeit und Dringlichkeit wie die Schauspieler*innen. Im Gegensatz zu Schipper geht im Falle des *Tatort* der Regisseur Ranisch kleinteiliger vor: Vorab erarbeitet er die Szenen mit den Darsteller*innen, beim Dreh fallen sie dann – improvisatorisch – immer wieder anders aus. Aus vielen Takes wird schließlich am Schneidetisch bzw. am Computer der finale Ablauf montiert.

Wozu aber die Abkehr von den üblichen Routinen der Filmproduktion? Ziel dieser Bemühungen könnte eine größere Unmittelbarkeit des Ausdrucks sein, eine größere Nähe zu den Nuancen des realen Lebens, die Verwendung einer anderen Sprache, der man nicht die Herkunft aus einem Skript anmerkt. Es sollen, so könnte man mit Robert Dörre sagen, nicht mehr die dramaturgischen Ziele über die individuellen Ziele der handelnden Personen dominieren. Das hat Konsequenzen für die Regie, wie Mouellic ausführt: »Ihre Welten mögen sehr verschieden sein, aber alle improvisierenden Filmemacher teilen einen Wunsch: nämlich sich überraschen zu lassen und fließend die Kontrolle zu verlieren«.[4]

An dieser Stelle begegnet uns also das Grundmotiv des ›kontrollierten Kontrollverlusts‹ wieder, wie er kennzeichnend ist für das Improvisieren insgesamt, und besonders für das verabredete Improvisieren in den Künsten. Oder, wie es der Regisseur Axel Ranisch ausdrückt: »Es gibt nichts Schöneres für mich, als wenn unerwartete Dinge passieren. Ich versuche, alles dafür möglich zu machen, dass ich in jeder Szene von Neuem überrascht werde.«[5]

Ob dies die Filmkonsument*innen am Ende auch wirklich bemerken, hängt von ihren Seherfahrungen ab. Woran sollen sie sich halten? Bei dem immer wieder als klassisches Beispiel für Improvisation angeführten Film *Shadows* ist die Bezeichnung »Improvisation« eher ein Eikettenschwindel. Im Gegensatz zum Jazz, bei dem es zumindest der Live-Kontext erlaubt, entsprechende Signale aufzufangen, ist den Zuschauer*innen der Einblick in die verschiedenen Produktionsstufen eines Filmes verwehrt.

Da improvisierte Filme nicht notwendigerweise ›chaotischer‹ anmuten, sind die Zuschauenden auf Handreichungen angewiesen. Die Filmpublizistik mit ihren Previews und Reviews stellt eine dafür verlässliche Instanz dar. Wichtig für die Aktivierung ›des improvisatorischen Lektüremodus‹ ist der Selbstausweis der Filmschaffenden, das Gezeigte sei spontan und ohne feste Vorlage entstanden. Zeigt sich hier eine Parallele zum Jazz? Gilt auch hier, was wir dort gesehen haben: dass die Rahmungen, die einem Film gegeben werden, (mit-)bestimmen, wie er gesehen wird? Und die Parallele könnte noch weiter gehen: Ist nicht auch im Jazz das allermeiste, was als ›improvisiert‹ rezipiert wird, ebenfalls nicht in einer raumzeitlichen Kopräsenz von Künstler*innen und Publikum entstanden?

So hat beispielsweise nur ein winziger Teil derer, die das »Köln Concert« von Keith Jarrett schätzen, dies am 24. Januar 1975 auch live in der Oper Köln erlebt. Die wenigen, denen dies vergönnt war, können, wenn sie das Album auflegen, aus eigener Erfahrung bestätigen, dass die Musik improvisiert worden ist (obwohl auf dem Tonträger dieser Begriff nicht verwendet, sondern das Ganze als »all composed by Keith Jarrett« bezeichnet wird). Einige haben vielleicht auch von den legendären, selbstkritischen Urteilen des Pianisten gehört (es habe beispielsweise in seiner Performance viel zu viele Wiederholungen gegeben). Sie haben deshalb wenig Grund, an dem Selbstausweis der aufgenommenen Darbietung zu zweifeln, zumal sie auch vom Künstler bezeugt ist. Sie ist ein wesentlicher Teil der Rezeptionsgeschichte der Aufnahme, die die Hörperspektive neuer Hörer*innen lenkt.

Niemand, der in der Kölner Philharmonie zugegen war, und niemand, der die Musik von der Aufzeichnung her kennt, spräche wohl der Musik von »The Köln Concert« den Charakter einer improvisierten Musik ab, bloß weil sie – heute in mehr Formaten als damals – auf Tonträgern vorliegt. Rezeptionsästhetisch gesehen sind demnach Jazz – und zwar der weitaus größte Teil des je zu Gehör gekommenen Jazz – und improvisierter Film durchaus miteinander verwandt, haben beide doch die Eigenschaft, konserviert und zunehmend auch in leicht abrufbarer Form verfügbar zu sein. Sowohl Aufnahmen von Musik als auch solche im Film inszenieren in neuer Weise eine Aufführung bzw. eine Szenerie, die zu einer anderen Zeit und an einem anderen Ort stattgefunden hat. Dies führt bei improvisierter Musik und improvisiertem Filmgeschehen zu dem allem Anschein nach paradoxen Phänomen einer fixierten Improvisation.

Improvisationen gibt es neben der Musik und dem Film unter anderem auch in den sogenannten performativen Künsten, im Theater und Tanz (und auch in allen neueren Formen performativer und situativer Kunst). Warum gehen wir hier also nicht auf theatrale und tänzerische Formen des Improvisierens ein? Der Grund ist einfach: Theater und Tanz sind in Bezug auf Improvisation der Musik verwandt. Das Medium Film erlaubt demgegenüber in besonderer Weise, im Zusammenhang mit der Improvisation die Frage zu thematisieren, die in den anderen künstlerischen Formen nicht in gleicher Weise ins Auge fällt: Was macht die Fixierung von Aufführungen mit den Improvisationen? Man kann den Eindruck haben, dass in der Aufnahme jene Ungewissheit abhandenkommt, die das Improvisieren ausmacht. Eine Aufnahme ist eine Fixierung, die alles, was geschieht, als zwangsläufig erscheinen lässt. Aus diesem Grunde lehnte der Dirigent Sergiu Celibidache (1912–1996) Aufnahmen ab.

Doch tilgt die Aufzeichnung das improvisatorische Moment nicht. Hier zeigt sich ein falsches Verständnis, das man als Missverständnis von der ›Komposition in Echtzeit‹ bezeichnen kann. Wer Improvisationen als Kompositionen in Echtzeit begreift, erkennt die Ungewissheit angesichts einer unerwarteten Herausforderung als eine solche, die sich mit jedem Fortgang der Improvisation auflöst. Jede weitere Aktion bestimmt die Improvisation demnach weiter in ihrer Gestalt. So gesehen wäre das Resultat einer Improvisation ein fester Zusammenhang unterschiedlicher Elemente und Teile, der aus den sukzessiven Beseitigungen von Ungewissheiten resultiert. Auf den Film bezogen könnte man versucht sein zu sagen: Am Ende der Improvisation steht das Drehbuch – auch wenn vorher gar keines vorlag.

Eine Improvisation aber ist keine Komposition in Echtzeit (Jazzmusiker sprechen von ›instant composing‹ und wenden sich auf diese Weise gegen den tief sitzenden Verdacht, Improvisation sei im Vergleich zu einer Komposition immer minderwertiger). Und aus einem improvisierten Film resultiert kein Drehbuch. Der improvisatorische Charakter ist nicht dadurch zu fassen, dass man auf den strukturellen Zusammenhang zurückgreift, der beim Improvisieren möglicherweise hergestellt wird. Er besteht in Interaktionen in Bezug auf unerwartete Momente, die sich zu kleineren oder größeren Einheiten formen. Entscheidend sind dabei Impulsgebung und Reaktion und die dabei benötigten Fähigkeiten. Mit diesen Fähigkeiten sehen wir uns konfrontiert, wenn wir uns mit einer Improvisation als Improvisation auseinandersetzen. Charakteristisch für einen Film wie *Victoria* ist die Tatsache, dass die Interaktionen zwischen den Spielenden und der Kamera nachvollziehbar werden. Wer die Aufnahme einer Improvisation verfolgt, ist mit Interaktionen von spezifischer Dringlichkeit konfrontiert. Die Äußerungen der einzelnen Protagonist*innen ergeben kein Drehbuch, sondern sind zu verstehen als Reaktionen auf Herausforderungen und ihrerseits als Herausforderungen, die weitere Lösungen fordern.

In Bezug auf Improvisationen im Jazz haben wir festgehalten, dass sie eine interaktive und kommunikative Dimension aufweisen. In diesem Zusammenhang haben wir von einem wechselseitigen Sich-Herausfordern und Aufeinander-Antworten gesprochen. Den Charakter dessen, was im Zuge der Aufzeichnung von Improvisationen festgehalten wird, müssen wir unter diesen Vorzeichen verstehen. Aufgezeichnet werden Interaktionen, zwischen unterschiedlichen Musiker*innen, zwischen Schauspieler*innen, zwischen ihnen und der Kamera und so fort. Sofern wir mit der entsprechenden Einstellung eine Aufnahme hören (und es handelt sich dabei um die dominante Rezeptionshaltung in der Jazzwelt), begegnen uns in der Aufnahme einer Improvisation nicht einfach ein Musikstück, sondern Reaktionsweisen, kommunikative Brüche sowie Momente einer interaktiv hergestellten Gemeinsamkeit. Dies gilt auch für die filmische Aufnahme eines Jazz-Konzerts und für alle auf Improvisation basierenden Filme.

Die Rezeption einer aufgenommenen Improvisation bietet also nicht einen durch die Aufnahme fixierten Zusammenhang, sondern eine aufgezeichnete Interaktion. Aus diesem Grund spielen zum Beispiel atmosphärische Elemente (wie der Zwischenbeifall eines Auditoriums oder unkalkulierbare Umweltgeräusche in einem Film) in der Aufzeichnung einer Improvisation eine andere Rolle als bei einer Komposition. In der Improvisation handelt es sich um Einflüsse, die von den Improvisierenden immer und immer wieder Reaktionen fordern. Musiker*innen spielen zum Beispiel gegen Geräusche aus dem Publikum an oder nehmen sie als Impulse für ihr Spiel auf. Im Improvisieren kommt es zu immer neuen Reaktionen, die mit Unerwartetem umgehen und Probleme für sich produktiv machen.

Dies gilt ebenso für jede Soloimprovisation. Auch der improvisatorische Charakter des »Köln Concert« liegt nicht in der Schritt auf Schritt erfolgenden Entwicklung einer musikalischen Struktur. Eine ›Komposition in Echtzeit‹ lässt sich als Struktur schriftlich festhalten bzw. transkribieren, um die Improvisation auf dem Klavier oder auf einem anderen Instrument nachspielen zu können, doch führt ein solches Nachspielen seinerseits nicht zu einer Improvisation. Der improvisatorische Charakter manifestiert sich in einer Abfolge von Herausforderungen, die Keith Jarrett sich selbst und die ihm seine Umgebung stellt, und Reaktionen auf genau diese Herausforderungen. Jarrett konfrontiert sich mit künstlerischen Problemen und liefert ihre kreative Lösung. Wer in dieser Weise für sich improvisiert, interagiert mit sich selbst. Genau dies macht die künstlerische Bedeutung des Improvisierens aus. Es geht um ein stets neues Reagieren. Die Zuhörenden werden Zeuge einer musikalischen Entwicklung, die aus solchen Reaktionen hervorgeht.

Die Bedeutung des Improvisierens im Film kann also darin bestehen, das Schauspiel in einer anderen Art und Weise als sonst zu zeigen, also so, dass es nicht von einer steuernden Dramaturgie geleitet ist, sondern sich in spontanen und die Schauspielenden direkt und oft auch körperlich besonders herausfordernden Interaktionen entwickelt. Insofern sind Filme, die auf einem improvisierenden Spiel und – mehr noch – auf einer Improvisation von und mit der Kamera beruhen, etwas Besonderes. Die Improvisation ändert die Art und Weise der künstlerischen Artikulation, und genau diese wird vom Film bewahrt. Es macht einen Unterschied, ob ein Drehbuch das Spiel leitet oder ob der Film Reaktionsweisen zeigt, die sich unentwegt aus Herausforderungen und Problemstellungen entwickeln. Aus diesem Grund ist es für die Filmrezipient*innen immer von Interesse zu erfahren, ob sie es mit einem improvisatorisch realisierten Film zu tun haben. Allein der Hinweis, es handele sich um Improvisation, richtet, wie erläutert, ihre Perspektive in spezifischer Weise aus.

Eine Improvisation wird also niemals durch eine Aufzeichnung ausgelöscht werden.

Der Posaunist Vinko Globokar (*1934) sieht das anders:

> Improvisation lebt vom ständig neuen Vollzug. Eine bestimmte Improvisation zu wiederholen, sie also zu fixieren, hieße, diese Musik dem Bereich der Improvisation zu entziehen. Und ist sie gar einmal auf Schallplatte festgehalten, so verliert sie ihren ursprünglichen Charakter und wird ganz einfach zu ›komponierter‹ Musik, auch wenn sie es zum Zeitpunkt ihrer Entstehung nicht war.[6]

Das trifft aber nicht zu. Eine Schallplatte fixiert die Improvisation nicht, sondern hält Interaktionen zusammen mit den Überraschungen und Missgriffen fest. Aus den Interaktionen entsteht keine komponierte Musik, da es in ihnen nicht primär um die musikalische Struktur, sondern um Formen und Varianten des wechselseitigen Reagierens geht.

So hat uns die Sorge um den Verlust der Improvisation in ihrer Aufzeichnung dem Improvisieren nähergebracht. Improvisation ist spontane, nicht von Planung gesteuerte Interaktion. Die Interaktion im Improvisieren – wie zum Beispiel diejenige zwischen Miles Davis und Wayne Shorter (*1933) – ist, zumindest in gewissen Hinsichten, wie ein Gespräch gestaltet.[7] Wenden wir uns also dem Gespräch zu, einem der grundlegenden Orte des Improvisierens.

Das Gespräch

»Ein Mann, der Herrn K. lange nicht gesehen hatte, begrüßte ihn mit den Worten: ›Sie haben sich gar nicht verändert.‹ ›Oh!‹ sagte Herr K. und erbleichte.«[1] Das kurze Gespräch, das der Aphorismus Bertolt Brechts (1898–1956) schildert, zeigt ein typisches Moment auf. Immer wieder kommt es vor, dass wir jemandem begegnen, der uns mit etwas konfrontiert, mit dem wir nicht gerechnet haben. Und zumeist werden wir den Anspruch haben, mit unserer Reaktion über ein schlichtes »Oh« hinauszukommen. Die Keuner'sche Reaktion macht indirekt deutlich, dass es hier um die Konfrontation mit einer Herausforderung geht. Nicht immer werden wir angesichts dessen, mit dem wir von anderer Seite angegangen werden, erbleichen. Aber oft wird es uns in der einen oder anderen Art und Weise vor eine Aufgabe stellen.

In einem noch so routiniert geführten Gespräch kann sich ein Moment ergeben, in dem etwas passiert, mit dem wir so nicht gerechnet haben. Leicht können wir sogar den Eindruck gewinnen, dass viele Gespräche und Unterhaltungen uns mit etwas konfrontieren, das uns in der einen oder anderen Weise überrumpelt. Das ist auch insofern plausibel, als wir grundsätzlich nicht wissen können, was ein Gegenüber als Nächstes sagt. Auch wenn das Gespräch alltäglich ist oder wenn ich mein Gegenüber sehr gut kenne, kann ich den genauen Gesprächsverlauf nicht sicher vorhersehen. Immer wieder kommen überraschende Aspekte ins Spiel.

Die Kunst des Gesprächs wird damit zu einer Kunst des Reagierens auf etwas, mit dem man nicht gerechnet hat. Viele Äußerungen, die wir selbst tagtäglich machen, und die uns in noch viel größerer Zahl begegnen, sind so noch nicht geäußert worden und werden auch nie wieder in dieser Weise geäußert werden. Die Sprache eröffnet uns enorme und unerschöpfliche Kombinations- und Artikulationsmöglichkeiten. Sie erlaubt eine unüberschaubare Vielzahl von Äußerungen, so dass wir immer wieder etwas Neues sagen oder etwas Bekanntes auf neue Weise sagen können.

Diese Plastizität der Sprache verlangt von jenen viel, die zu verstehen versuchen. Ihnen begegnet unentwegt etwas, das sie so noch nie gehört haben, und fordert sie heraus. Denken wir an eine Diskussion über irgendeine Frage von gesellschaftlicher Relevanz – über die Rechte von Minderheiten, über die Berechtigung von Migration, über die Gefährdungen von Demokratie, über die Folgen der Pandemie. Was auch immer in einer solchen Diskussion gesagt wird, wird improvisiert. Es kommt in Reaktion auf Äußerungen zustande, mit denen man in der Auseinandersetzung mit anderen konfrontiert wird. Die Kunst des Gesprächs besteht darin, auf das, mit dem man nicht gerechnet hat, in passender Weise zu reagieren. Es kommt darauf an, mit seinen Reaktionen etwas aus der Gesprächssituation zu machen, sie weiterzuführen.

Besonders augenfällig wird der improvisatorische Charakter dann, wenn es um eine Diskussion geht, deren Teilnehmer*innen mehr als nur ihre private Meinung vertreten, etwa aus dem Grund, weil sie für Organisationen sprechen, für Parteien, für einen bestimmten Berufsstand – in einer Talkshow zum Beispiel. Hier sind die Positionen des jeweiligen Gegenüber meist hinlänglich bekannt und im Großen und Ganzen absehbar. Gerade aus diesem Grund kommt es besonders auf Schlagfertigkeit, auf Geistesgegenwart, also darauf an, eine Lücke in der Argumentation der anderen zu finden. Die Beteiligten ringen darum, die Diskussion in ihre Richtung zu lenken und sie dann mit ihren Einwürfen zu bestimmen. Besonders dann, wenn Publikum zugegen ist, wird das Ganze schnell zu einem Wettbewerb. Einen verunglückten Satz kann man nicht einfach so zurücknehmen. Wer rhetorisch nicht besteht, wer nicht gut genug improvisiert, der muss hernach über sich lesen, er sei vom Gegenüber ›gegrillt‹ worden.

Auch wenn persönliche Gespräche unter engen Freund*innen oder im Rahmen einer Partnerschaft etwas ganz anderes sind, weil hier Schlagfertigkeit oder gute Argumente nicht im Vordergrund stehen, prägt sie ebenso die Fähigkeit, auf unerwartete Äußerungen in passender Weise zu reagieren.

Denken wir an einen Beziehungsstreit. Hier konfrontiert eine Person die andere zum Beispiel mit der Aussage, sie fühle sich nicht beachtet. Da das Gegenüber der festen Überzeugung ist, sie durchweg beachtet zu haben und ihr mit Wertschätzung begegnet zu sein, ist man womöglich vor den Kopf gestoßen. Dabei darf es aber nicht bleiben, soll das Gespräch einen guten Verlauf nehmen. Wenn man dem anderen nur die eigenen gefestigten Überzeugungen vorhält (»Selbstverständlich beachte ich dich! Ich verstehe nicht, wie du daran zweifeln kannst.«), wird das Gespräch schwerlich gut enden.

Apropos Ende: Gerade im Beziehungsgespräch (und dies nicht nur in seiner filmdramaturgischen Darstellung) zeigt sich ein wichtiges improvisatorisches Element, das auch für alle anderen Formen des Gesprächs gilt. Alle Beteiligten haben die Aufgabe, ein gutes Ende zu finden. Das wird auch von wissenschaftlicher Seite bestätigt: »Fast immer kommt das Ende einer Unterhaltung für mindestens einen der beiden Beteiligten zu früh oder zu spät«, haben amerikanische Sozialwissenschaftler herausgefunden. Nur in knapp zwei Prozent der untersuchten Fälle kamen Unterhaltungen deshalb zum Ende, weil es beide Teilnehmer*innen übereinstimmend so wollten. »Das Beenden von Gesprächen ist ein klassisches ›Koordinationsproblem‹«, folgern die Autoren.[2]

Wir müssen uns diese ein wenig übertriebene Einschätzung nicht zu eigen machen. Festhalten sollten wir aber in jedem Fall, dass hier eine improvisatorische Problematik beschrieben wird. In vielen Improvisationen ist ungewiss, wann sie beendet werden. Es muss von denen, die am improvisatorischen Geschehen beteiligt sind, bestimmt werden. Das ist ein durchaus kompliziertes bzw. komplexes Koordinationsproblem. In vielen Gesprächen sind wir selbst damit konfrontiert, wie schwierig es ist, zu einem guten Abschluss zu kommen, der nicht einfach nur ein Abbruch ist. Die Dauer und der Verlauf eines Gesprächs ist häufig unbestimmt; die Form und die Dauer von Gesprächen werden (abgesehen von speziellen Formen wie Live-Mediengesprächen oder auch Psychotherapie-Sitzungen) in der jeweiligen Situation ausgehandelt. So gehört es zu den improvisatorischen Anforderungen von Unterhaltungen und Diskussionen nicht nur, die richtigen Worte, sondern auch das richtige Ende zu finden.

Will man den improvisatorischen Charakter der Gesprächssituationen, in denen wir mit anderen stehen, historisch mit einer besonderen Form und Kultur in Verbindung bringen, so könnte man die Salons anführen, wie sie sich ab dem 17. Jahrhundert in Frankreich und ab dem 18. Jahrhundert als literarische Salons auch in Deutschland etablierten. In ihnen wurde das Ideal gepflegt und weiterentwickelt, durch geistreiches Gesprächsverhalten anderen die eigene intellektuelle Kultur vorzuführen und sie damit zugleich herauszufordern. Eine entsprechende Gesprächskultur kann bis zu einem Punkt gehen, an dem man von mit Worten geführten Duellen sprechen könnte. Wer besonders einfallsreich und pointiert spricht, bringt andere dadurch ins Hintertreffen. Solche Formen des Gesprächs gibt es natürlich auch in unserer Gegenwart, etwa Poetry Slam und Battle Rap, die den Wettbewerb-Charakter von Gesprächsinteraktionen in einer anderen Weise kultivieren.

Wenn wir von solchen und anderen interaktiven sprachlichen Praktiken ausgehen, entsteht erst einmal der Eindruck, andere würden uns zwingen zu improvisieren. Immer wieder bringen sie uns mit ihren Äußerungen in unerwartete Schwierigkeiten. Wie aber steht es, so kann man dann fragen, im Selbstgespräch, das wir typischerweise in Form eines inneren Dialogs führen? Sind wir da unserer Sache immer sicher, so dass wir immer wissen, was zu sagen ist?

Heinrich von Kleist (1777–1811) verdanken wir einen Essay, der die grundsätzlich improvisatorische Dimension der Sprachlichkeit des menschlichen Geistes auf den Punkt bringt. Kleist geht es gerade nicht um die Frage, wie wir auf das, was andere sagen, antworten – sein Thema ist, wie wir durch Sprache denken, auch und gerade im Selbstgespräch. Kleist vertritt die These, all unser Denken sei improvisatorischer Natur, eine Improvisation mit und durch Sprache. Kleists Titel ist denkbar prägnant: *Über die allmähliche Verfertigung der Gedanken beim Reden*. In diesem Essay fällt das Wort ›Improvisation‹ oder ›Improvisieren‹ nicht. Doch in der Sache handelt er von nichts anderem. Kleist bezeichnet das Reden als »lautes Denken« und fährt fort:

> Die Reihen der Vorstellungen und ihrer Bezeichnungen gehen nebeneinander fort, und die Gemütsakte, für eins und das andere, kongruieren. Die Sprache ist alsdann keine Fessel, etwa wie ein Hemmschuh an dem Rade des Geistes, sondern wie ein zweites, mit ihm parallel fortlaufendes, Rad an seiner Achse.[3]

Mit dem Sprechen entwickeln sich, so Kleist, (nicht nur im faktischen Dialog, sondern auch im Selbstgespräch) die Gedanken und mit ihnen das Sprechen. Jedes neue Sprechen antwortet auf das, was zuvor gesagt wurde. Es entwickelt damit die Gedanken fort, unabhängig davon, ob es sich um die Äußerungen einer oder eines Einzelnen oder um einen Dialog handelt.

Kleist denkt womöglich an die französische Salonkultur, also an Gesprächssituationen, in denen die Teilnehmer*innen immer wieder aufs Neue in wettkampfartiger Weise herausgefordert werden. Er sieht aber eine solche Herausforderung auch im eigenen Sprechen gegeben. Was ich sage, dreht sich demnach immer wieder in einer für mich selbst überraschenden Weise weiter, so dass ich meine Gedanken und ihren sprachlichen Ausdruck durch das weiterentwickle, was ich in Antwort darauf hervorbringe, was ich selbst zuvor gesagt bzw. in Sprache gedacht habe. Das Gespräch (im Salon) zeigt für Kleist nur in markanter Art und Weise, was für den Zusammenhang von Denken und Sprechen insgesamt gilt: Wir improvisieren von Satz zu Satz, von Gedanken zu Gedanken.

Das von Kleist gezeichnete Bild sollte Konsequenzen für unser Selbstverständnis als sprachlich verfasste Lebewesen haben. Kleist ist bei weitem nicht der Erste, der behauptet, dass wir ohne Sprache nicht zu denken vermögen. Das haben vor ihm unter anderem bereits Johann Georg Hamann (1730–1788) und Johann Gottfried Herder (1744–1803) getan. Kleist aber verbindet die These von der sprachlichen Verfasstheit unseres Denkens mit einer wichtigen Folgerung: Wenn wir nicht einfach so unsere Gedanken ordnen und sie dann sprachlich artikulieren können, sondern auf sprachliche Äußerungen angewiesen sind, um Gedanken überhaupt zu fassen und zu ordnen, dann haben unser Sprechen und Denken unumgänglich einen improvisatorischen Charakter.

Nach dem von Kleist nahegelegten Bild sind Sprechen und Denken nicht als eine feste Form zu begreifen, die uns Halt verleiht. Vielmehr handelt es sich um Dimensionen unserer Existenz, in denen wir uns auf das, was sich um uns herum bewegt, stets neu einzustellen vermögen. So gesehen ist es für unser Sprechen nicht günstig, wenn es erstarrt. Wenn wir uns immer wieder in den gleichen Formeln äußern und unser sprachliches Verhalten sich in Spruchbändern vollzieht, dann wird unser Denken unflexibel. Wir stehen vor der Anforderung, uns in unserem Sprechen immer wieder neu auszurichten und es improvisierend weiterzuentwickeln.

Der grundlegend improvisatorische Charakter unseres Denkens und Sprechens hat nicht zuletzt Bedeutung für das Funktionieren der für diese zentralen Einheiten, der Begriffe. Wir können nur in Begriffen denken und sprechen, da wir Einheiten benötigen, die unterschiedliche Gedanken und unterschiedliche Äußerungen jeweils untereinander verbinden. Nehmen wir als Beispiel Gedanken, die von Bäumen oder von Ungerechtigkeit handeln. Baum-Gedanken gibt es notwendigerweise im Plural. Wenn man in Bezug auf einen Baum etwas denken kann, dann kann man auf jeden Fall auch andere Gedanken in Bezug auf denselben Baum beziehungsweise in Bezug auf andere Bäume fassen. Darin besteht die Eigenart von Begriffen – im Fall von Bäumen genauso wie im Fall von Ungerechtigkeiten.

Damit aber steht man vor der Frage, wie Begriffe eigentlich die Verbindung zwischen mehreren Gedanken sowie mehreren Äußerungen herstellen. Auf diese Frage ist immer wieder geantwortet worden, dass Begriffe Konstanz in unsere Urteile bringen. Sie leisten demnach, mit Friedrich Nietzsche (1844–1900) gesprochen, ein »Gleichsetzen des Nicht-Gleichen«[4]. Ein solches Verständnis von Begriffen passt aber schlecht zum improvisatorischen Charakter des Sprechens und Denkens, demzufolge wir unser Sprechen und Denken immer in einer für uns letztlich unabsehbaren Weise weiterentwickeln. Wenn Begriffe immer stabil sind, dann müsste das im Grunde auch für das gelten, was wir mit Begriffen formen, also für Gedanken.

So liegt es nahe, von einer Variabilität und gewissen Flüchtigkeit bzw. Volatilität der Begriffe auszugehen. Mit jeder Weiterentwicklung unseres Denkens verändern wir auch die Begriffe, die in den entsprechenden Gedanken im Spiel sind. Ein

Begriff wie der des Baumes wandelt sich mit der Veränderung dessen, was wir über Bäume wissen. Wenn wir zum Beispiel über die Kommunikation unter Bäumen in Bezug auf Schädlingsbefall lernen (wie bei der wissenschaftlichen Arbeit über die Chemie von Bäumen oder bei der Lektüre von Richard Powers *The Overstory*, 2018), ändert sich unser Begriff des Baumes. Er fasst nicht länger isoliert bestehende Lebewesen, sondern Lebewesen, die in komplexen Verbindungen zu anderen Lebewesen ihrer Art existieren.

Ähnliches gilt für den Begriff der Ungerechtigkeit. Wenn wir erst einmal eher geneigt sein mögen, Ungerechtigkeit als einen Aspekt der ungleichen Verteilung materieller Ressourcen zu verstehen, ändern wir den Begriff, wenn wir ihn auch mit Bildungsbelangen oder mit Fragen sprachlicher Artikulationsmöglichkeiten verbinden. Heute wird unter anderem die These vertreten, dass das Nichtverfügen über sprachliche Ausdrucksmöglichkeiten in Bezug auf Missbrauchserfahrungen als Ungerechtigkeit zu begreifen ist.[5] Fragen in Bezug auf Gerechtigkeit sind demnach nicht nur auf Fragen der Verteilung und der Anteilnahme bzw. Partizipation beschränkt, sondern umfassen auch den Zugang zu sprachlichem und anderem symbolischem Ausdruck. Mit einer solchen Einschätzung ändert sich der Begriff der Ungerechtigkeit.

Wir haben diesen Abschnitt damit begonnen, dass wir Gespräche als überaus verbreitete alltägliche Situationen eingeführt haben, in denen wir improvisieren. Vom Gespräch sind wir auf den Zusammenhang von Denken und Sprechen und von da aus schließlich auf die begriffliche Struktur der Sprache gekommen. Damit haben wir eine für die menschliche Existenz zentrale Verbindung hergestellt. Der Mensch ist ja nicht nur ein sprechendes, sondern auch ein soziales Lebewesen. Das *zoon logon echon* (›das Tier, das sich sprachlich äußert‹) ist zugleich ein *zoon politikon* (›ein gemeinschaftliches, soziales

Tier‹). Die Sprache funktioniert aus dem Gespräch heraus. So hängen beide Dimensionen, die wir in den zurückliegenden Absätzen voneinander unterschieden haben, von Grund auf miteinander zusammen: das Denken als Improvisieren, und das Miteinander-Sprechen und -Diskutieren als Improvisieren. Das Gespräch, das »wir sind«[6], sind wir als Wesen, die sich improvisierend in ihrem Denken entwickeln.

Doch haben die Überlegungen dieses Abschnitts noch etwas anderes gezeigt. Wir haben den typischen Weg eingeschlagen und das Improvisieren von den Künsten und ganz spezifisch vom Jazz her zu bestimmen versucht. Es hat sich nun aber gezeigt, dass es tatsächlich von alltäglichen Praktiken wie dem Gespräch her besser verstanden werden kann. Von Joseph Beuys (1921–1986) stammt der berühmte Ausspruch, jeder Mensch sei ein Künstler. Ob das stimmt, hängt vermutlich davon ab, was genau man mit dem Begriff des Künstlers oder der Künstlerin fassen will.

Richtig ist aber zweifelsohne eine Umformulierung von Beuys' Aussage: ›Jeder Mensch ist ein Improvisator!‹ Da wir alle mit anderen sprechen und auch für uns und mit anderen zusammen denken, gilt das, wie wir gesehen haben, ohne jeden Zweifel. Ohne zu improvisieren, können wir weder mit der Welt noch mit anderen klarkommen. Wir müssen lernen, diesen Gedanken in unser Selbstverständnis zu integrieren.

Evolution und die biologischen Grundlagen des Improvisierens

Sind wir mit unseren Überlegungen zum Gespräch nicht immer noch weit von den Grundlagen des Improvisierens entfernt? Auch wenn das kommunikative Improvisieren die menschliche Lebensform durchdringt, könnte man auf den Gedanken kommen, dass man viel breiter ansetzen muss, nämlich bei den Kommunikationen, die alles Leben umfasst. Müssen wir das Improvisieren nicht in unserer tierischen Natur verankern?

Fragen wir also direkt: Können Tiere improvisieren? Oder noch weiter: Ist nicht Evolution insgesamt ein improvisatorisches Geschehen?

Es fehlt nicht an Stimmen, die diesen Schluss nahelegen. So schreibt zum Beispiel der amerikanische Musiker und Biologe Aaron Berkowitz:

> Die Fähigkeit, kreative Lösungen für neuartige Szenarien zu improvisieren, ist [...] ein wesentliches adaptives Verhalten, wenn ein Organismus in einer sich ständig verändernden Umwelt überleben will. Diese flexible Strategie ist nicht nur auf der Verhaltensebene wichtig, sondern scheint bis hinunter auf die zelluläre und molekulare Ebene zu funktionieren.[1]

Das würde bedeuten, dass Jazzmusiker, Fußballer*innen, Notärzte und Richterinnen, und wir alle, wenn wir Gespräche führen, einem Programm folgen, das in der Umwelt, in Flora und Fauna und nicht zuletzt auch bei Viren seit Abermillionen Jahren abläuft.

Dem ersten Augenschein nach mag es plausibel erscheinen, die Evolution als eine »ausgedehnte Improvisation«[2] zu verstehen. Haben die zentralen Mechanismen der Evolution – Mutation, Adaptation und Selektion – nicht einen improvisatorischen Charakter? Wesentlich für das entsprechende Verständnis der Entwicklung natürlichen Lebens ist, dass die Entwicklung sich weder an einem Ziel orientiert noch von einer zentralen Kraft gesteuert wird. Es herrscht der Zufall steter ungesteuerter Veränderungen. Wäre das aber nicht Improvisation im besten Sinne?

Es gibt gewichtige Gründe, das Verständnis der Evolution als eines improvisatorischen Geschehens zurückzuweisen – Gründe, die es uns erlauben, den Begriff der Improvisation zu schärfen. Beginnen wir mit etwas Offensichtlichem: Im Improvisieren gibt es eine steuernde Kraft, die bei denjenigen liegt, die improvisieren. Das für alles Improvisieren zentrale Moment wird von denjenigen hervorgebracht, die improvisieren. Zwar ist Improvisation, wie Keith Jarrett anmerkte, damit verbunden, dass man oftmals nicht genau weiß, wie man es eigentlich macht. Das ändert aber nichts daran, dass hier jemand tätig ist – jemand, die oder der Erfahrungen sammelt und Handlungsmuster entwickelt, die sie oder er im Improvisieren anwendet.

Eine solche tätige Instanz fehlt der Evolution. Der Zufall verhilft nicht zur Improvisation, sondern ist ein blindes Geschehen, in dem es niemanden gibt, der nicht so genau weiß, was sie oder er eigentlich macht. Die Mutationen beziehungsweise Variationen, die die Entwicklung des natürlichen Lebens vorantreiben, sind weder mit Kreativität noch mit erworbenen Fähigkeiten verbunden. Evolutionäre Mutationen beziehungsweise Variationen kommen einfach als solche zustande. Sie sind ein bloßes, dem Zufall sich verdankendes Geschehen.

Gerade an diesem Punkt müssen wir das Improvisieren abgrenzen. Im Improvisieren geht es nicht um irgendeinen Zufall, der geschieht. Zwar kann ein Zufall eine Improvisation notwendig machen; das Improvisieren selbst ist aber kein Zufallsgeschehen. Auch wenn viele improvisatorische Tätigkeiten keinen Ausbund kreativer Energie dokumentieren, sind doch immer Fähigkeiten und Erfahrungen im Spiel, die das improvisierende Antworten auf Unerwartetes leiten.

Die Unterscheidung, um die es hier geht, können wir zuspitzen, indem wir noch einmal betonen: Improvisieren ist ein Modus des Handelns. Nur ein Wesen, das handeln kann, kann improvisieren. Handeln ist – allgemein betrachtet – das Realisieren eines geistigen Zustands in der Welt, zum Beispiel der morgendliche Gang zur Bäckerei, der der Beschaffung von Croissants dient. Zwar realisiert das Improvisieren keinen geistigen Zustand, der unabhängig von ihm gegeben wäre. Es hilft aber, wie Kleist meint, bei der Konturierung und Entwicklung geistiger Zustände. Insofern ist Improvisieren als eine Modalität des Handelns zu begreifen. Wer improvisiert, klärt immer auch, was er denkend in der Welt hervorbringt.

Nun könnte man meinen, dass dennoch eine wichtige Parallele zwischen den evolutionären Entwicklungen natürlichen Lebens und dem improvisatorischen Tun besteht. In beiden Fällen gilt, dass eine Veränderung sich durchsetzen muss. Was in der Evolutionstheorie Selektion heißt, scheint auch im Improvisieren zentral zu sein. Wenn in einem Jazz-Ensemble von einer Musikerin ein Impuls realisiert wird, muss sich erst klären, ob sie sich mit ihm behauptet. Findet sich hier nicht auch das berühmte »survival of the fittest«, das alle evolutionären Prozesse kennzeichnet?

Auch in diesem Punkt täuscht der Anschein von Parallelität. Die Umwelt, in der sich Veränderungen bewähren müssen, ist in der Improvisation ganz anders strukturiert als in der Natur. In der Natur besteht die Umwelt in äußeren Bedingungen. Dazu gehören andere Lebewesen, zum Beispiel Fressfeinde oder andere Tiere, die als Nahrung dienen, aber auch klimatische und geologische Gegebenheiten. Auch alles Improvisieren findet unter äußeren Bedingungen statt. Aber dies ist nicht die Umwelt, in deren Rahmen sich ein Impuls durchzusetzen hätte. Hier wird die Umwelt durch soziale Interaktionen geformt, in denen andere durch ihre Reaktionen zu dem Impuls Stellung nehmen. In den Stellungnahmen geht es um die Klärung eines geistigen Gehalts, so zum Beispiel um die Frage, ob der Impuls für die Improvisation, in der er hervorgebracht wird, wertvoll ist.

Improvisatorische Interaktionen sind so kein Kampf ums Überleben, kein »struggle for life«, sondern ein ›struggle for mindfulness‹ bzw. ein Kampf um Beachtung (wenn man denn in diesem Zusammenhang überhaupt von einem ›struggle‹ sprechen will). Im Improvisieren muss sich eine Idee nicht einfach durchsetzen, sondern sie wird verhandelt – oftmals über vielfältige Reaktionen hindurch (wie ein guter Jazz-Standard, der in vielen Realisierungen in immer neuer Weise beleuchtet wird). Wie die Idee dazu beiträgt, die Improvisation weiterzuentwickeln, ist nicht zuletzt auch der Initiative derjenigen mit überlassen, die sie hervorgebracht hat. Sie muss nicht einfach zusehen, was die anderen (als ihre Umwelt) aus dem Vorgegebenen machen, sondern kann sich tätig einbringen – auch möglicherweise im Dissens mit den Mitspieler*innen. All das findet sich nicht in der Entwicklung des natürlichen Lebens. Es bleibt also dabei: Die Evolution improvisiert nicht.

Wenn aber die Evolution insgesamt nicht improvisatorisch ist, dann könnte sich Improvisation vielleicht zumindest bei höheren Lebewesen finden. Ist es nicht offensichtlich, dass auch Tiere zuweilen improvisieren? Spätestens seit 1917, seit der bahnbrechenden Studie des Psychologen Wolfgang Köhler (1887–1967), der zeigen konnte, wie Schimpansen Kartons aufeinanderstapeln, um die durch Sprünge nicht zu erreichenden Bananen zu ergreifen, ist bekannt, dass manche Tierarten die

Zweck-Mittel-Relation beherrschen. Sie ist unter anderem bei Tauben, Ratten, Orang-Utans, Raben und Krähen nachgewiesen. Am bekanntesten ist wohl das Beispiel, dass Krähen Nüsse, die sie nicht knacken können, auf eine Straße werfen, von wo sie diese, nachdem Autos darübergefahren sind, nur noch in geöffneter Form aufzulesen brauchen. Als noch bemerkenswerter kann vielleicht das Beispiel der neukaledonischen Krähe namens Betty gelten, die spontan ein gerades Stück Draht zu einem Haken bog, um Futter zu angeln.

Mit einem spezifischen Zweig der Improvisationstheorie könnte man hier von einer gänzlich unverabredeten Stegreif-Improvisation ausgehen.[3] Improvisation hat dabei, so scheint es, den Charakter rein situativen Problemlösens. Es ist nicht zu bestreiten, dass hier möglicherweise ein Grenzfall dessen vorliegt, was Menschen improvisierend tun. Dennoch gilt es zu betonen, dass zum menschlichen Improvisieren ständig weitere Reaktionen gehören. Charakteristisch für das menschliche Improvisieren ist, dass jede beliebige Problemlösung ihrerseits immer Gegenstand von Reaktionen und damit von Weiterentwicklungen ist.

Ein klassischer Fall improvisierenden Problemlösens ereignete sich bei der Mondmission Apollo 13 im April 1970. Apollo 13 galt eigentlich als ein Routine-Projekt. Als Konsequenz nach dem Tod von drei Astronauten in der Testphase von Apollo 1 (1967) war ein umfangreiches Regelwerk für Notfälle eingerichtet worden. Am dritten Tag des Unternehmens Apollo 13 aber explodierte ein Flüssigsauerstofftank an Bord der Raumfähre; der Vorrat reichte noch für fünf Stunden, die unmittelbare Rückkehr zur Erde hätte 100 Stunden gedauert. Das Mondlandemodul hatte noch intakte Sauerstofftanks, war aber in der CO_2-Filterung nicht für eine lange Flugzeit ausgelegt. Dennoch bestand die einzige Möglichkeit der Rettung der Astronauten in ihrem Umzug in dieses Mondlandemodul – unter der Voraussetzung, dieses für eine lange Flugzeit funktionstauglich zu machen.

In dieser Situation schafften es die Ingenieurinnen und Ingenieure im Kontrollzentrum Houston, mit einfachen Mitteln, die auch an Bord vorhanden waren, einen CO_2-Filter aus höchst ungewöhnlichen Elementen (Tüten, Klebeband, Flugpläne und sogar eine Socke) zu basteln, der anschließend im Mondlandungsmodul nachgebaut werden konnte. Die Improvisation auf Leben und Tod gelang. Alltägliche Fingerfertigkeiten und Verständnisse von Materialien halfen dem NASA-Personal im Kontrollzentrum und den Astronauten, die lebensbedrohliche Situation zu meistern. Menschen improvisieren (wie Tiere) auf Basis bereits erworbener Fähigkeiten, entwickeln aber dabei ihre Fähigkeiten in der Improvisation auch stets weiter. Hier ist ihre Umwelt entscheidend, die aus vielfältigen und komplexen Interaktionen mit anderen besteht. So steht improvisierendes Problemlösen wie im Falle von Apollo 13 nicht einfach für sich (wie dies tendenziell bei der Krähe der Fall ist), sondern ist Teil eines komplexen interaktiven Lernprozesses, in dem Menschen sich befinden.

Müssen wir, wenn es um die Unterscheidung zwischen Mensch und Tier geht, nicht geradezu zwangsläufig auf bestimmte Arten kommen, und zwar auf die Singvögel – zu denen knapp die Hälfte der rund 10 400 Vogelarten gehört? Viele Singvogelarten verändern ihren Gesang und unterscheiden sich unter anderem von anderen Artgenossen durch ihre individuellen Ausgestaltungen. Als solche ›Improvisatoren‹ gelten der Schilfrohrsänger, der Star, die Nachtigall, das Rotkehlchen, die Graukatzendrossel, die Einsiedlerdrossel, der Singspatz, der Flötenkrähenstar (Australien) und auch der mit ihm eng verwandte Schwarzkehl-Krähenwürger (*pied butcher bird*, im Deutschen seiner Lautanmutungen wegen manchmal liebevoll auch als Flötenvogel bezeichnet). Letztgenannter ist gewissermaßen zum Star der Forschung avanciert; der Band *Is Birdsong Music?* der australischen Musikwissenschaftlerin Hollis Taylor (*1951) handelt ganz überwiegend von ihm.[4]

Eine solche Annäherung des Vogelgesangs an Musik verleitet den amerikanischen Musikphilosophen Peter Kivy (1934–2017) zu einer vielzitierten, spöttischen Bemerkung:

> Wie viel auch immer am Vogel-›Gesang‹ wie Musik klingen mag, es kann nicht Musik sein – es sei denn, wir billigen den Vögeln ein uns vergleichbares mentales Leben zu. Was wahrscheinlich die wenigsten von uns wollen.[5]

Biologen widersprechen der von Kivy skizzierten Bedingung, und zwar mit dem Hinweis auf das Prinzip der konvergenten Evolution, also der unabhängigen Entwicklung analoger Merkmale bei nicht direkt miteinander verwandten Arten. Demnach können Vögel unter anderen Voraussetzungen durchaus zu dem Menschen verwandten Ergebnissen gelangen.

In einer Studie, in der Variabilität und Stereotypie des Vogelgesanges mithilfe eines mathematischen Verfahrens analysiert werden, kommen Verhaltensbiolog*innen zu dem Schluss:

> Insgesamt stimmen unsere Ergebnisse mit der Hypothese überein, dass Singvögel und Musiker ähnliche Techniken der Kombination von erwarteten und unerwarteten Mustern verwenden, um die Aufmerksamkeit ihrer Zuhörer zu gewinnen.[6]

Damit ist, wie die Autor*innen zugleich betonen, jedoch noch lange nicht geklärt, wie spontan und aus welcher Motivation heraus dieser Wandel jeweils erfolgt.

Festzuhalten bleibt zweierlei:

Zum einen lässt sich der Vogelgesang in Kunstmusik überführen. Hierfür steht besonders der französische Komponist Olivier Messiaen (1908–1992), der musikalische Muster von Vögeln vielfach in seine Kompositionen eingearbeitet hat.

Zum anderen lassen sich mit Vögeln und anderen Tieren improvisatorische Interaktionen zustande bringen. David Rothenberg (*1962), Klarinettist und Philosoph, ist geradezu ein Aktivist auf diesem Feld; er hat mit Nachtigallen, Delphinen und Walen zusammengespielt (»Interspecies Improvisation«). Nach seinen Angaben zeigten sich Fachkolleg*innen schockiert von seinen Tonaufnahmen, weil sie belegen, dass Wale eben doch auf human erzeugte Klänge (wie jene von seiner Klarinette) reagieren. Ein Buckelwal ging 2007 vor der Küste von Hawaii individuell auf ihn ein; eine ungewöhnliche Erfahrung, weil ansonsten gelte, dass »selbst ein Vogel mit einem riesigen Repertoire wie die Nachtigall oder die Spottdrossel seine eigenen Muster verwendet, wenn er gemeinsam mit einem spielt«, so Rothenberg.[7]

Was auch immer man von solchen Improvisationen im Einzelnen halten mag: Wir wissen noch zu wenig, um sagen zu können, ob sie von denjenigen, die miteinander interagieren, in der gleichen Weise ausgehen, wie dies bei menschlichen Interaktionen der Fall ist. Der Handlungscharakter des Improvisierens ist, wie wir betont haben, damit verbunden, dass andere immer wieder zu meinen Impulsen und Reaktionen Stellung nehmen. Genau dies macht eine für alles Improvisieren grundlegende Dynamik aus – ganz unabhängig davon, ob es sich um ›inexpert improvisation‹ wie die Improvisation beim Aufbau einer Ikea-Küche (weil Teile fehlen) oder um die ›expert improvisation‹, die verabredete Improvisation eines Jazz-Ensembles, handelt.

Nun ist aber mit den bisherigen Diskussionen die Frage nach den biologischen Grundlagen des Improvisierens noch nicht erschöpfend beantwortet. Immerhin sind Menschen ja auch

Tiere. Die Frage nach dem Improvisieren von Tieren schließt den Menschen also genau genommen ein. Hier gilt es insbesondere, nach den neurophysiologischen und neuropsychologischen Grundlagen des Improvisierens zu fragen.

Diese Grundlagen sind vermehrt Gegenstand empirischer Untersuchungen geworden. Dabei sind die Neurowissenschaften und die Psychologie weniger an ästhetisch-künstlerischen Kriterien des Improvisierens wie dem Mut, der Anstrengung und der Konzentration interessiert. Vielmehr geht es bei der Erkundung der neuronalen Substrate des Improvisierens um das komplexe Zusammenwirken verschiedener Areale im Gehirn und damit um eine der Großfragen der Neurowissenschaften.

Wie wird hier versucht, an belastbare Informationen zu gelangen? Probanden müssen im Zuge entsprechender Experimente unter Bedingungen musizieren, die wirklich kein Vergnügen sind. Im günstigeren Falle, der Elektroenzephalografie (EEG) setzt man ihnen eine Art Badekappe auf, an der Elektroden befestigt sind, um die Hirnströme unter der Kopfhaut zu messen (immerhin müssen die in dieser Weise Untersuchten ihre bevorzugte Spielhaltung nicht aufgeben).

Die genauere Methode der funktionellen Kernspintomografie (fMRT) dürften alle, die schon einmal ›im Scanner‹ gelegen haben, als Zumutung erlebt haben. Es ist laut. Teilnehmer*innen, die zum Beispiel Klavier spielen, liegen auf dem Rücken und dürfen ihren Kopf nicht bewegen. Ihr ›Instrument‹, ein bis zu 35 Tasten umfassendes Plastik-Keyboard, wird ihnen außerhalb der Röhre auf die angewinkelten Knie geschnallt.

Gleichwohl kommen die Studien (inzwischen mehrere Dutzend) zu interessanten Ergebnissen. Die Aufgaben, die Musiker*innen dabei erfüllen müssen, vollziehen sich jeweils in zwei verschiedenen Modi. Das sind zum einen strikt einzuhaltende Routinen, beispielsweise Skalen oder memorierte Stücke zu spielen. Hier zeigen sich in den Aktivierungen unterschiedlicher Areale des Gehirns markante Differenzen zu den ›freien‹ Aufgaben, in denen improvisiert werden muss, sei es zu einem Beat oder auch zu einer Rhythmusgruppe vom Band (Bass und Schlagzeug). In einer Studie dialogisierte der Proband im Scanner mit einem Partner draußen im Kontrollraum über sogenannte Trading Fours, ein altes Jazzformat. Begleitet von einer Rhythmusbegleitung aus der Konserve wechselten sich die beiden Pianisten solistisch nach je vier Takten ab, eine Art verzögertes Zusammenspiel von Impuls und Antwort.

Dieses Wechselspiel wird in der Debatte über künstlerisches Improvisieren, wir erwähnten es bereits, gerne im Sinne von Konversation aufgefasst. In der Tat: »sprachliche und musikalische Improvisation teilen sich motorische und sprachverarbeitende Ressourcen«[8]. Ab einem bestimmten Punkt allerdings teilen sich gewissermaßen diese Stränge, nämlich in der Deaktivierung eines multifunktionalen Bereiches im Gehirn (*angular gyrus*), der am Verständnis der Bedeutung von Wörtern beteiligt ist. Insofern finden wir hier möglicherweise einen neurologisch begründeten Schlüssel dafür, dass Konversationen in der Musik anders funktionieren als solche in der Sprache.

Selten erfährt man, welche Künstler*innen ihre in den neurowissenschaftlichen Laborprojekten ermittelten Daten zur Verfügung gestellt haben; in den Studien werden meist Mittelwerte verschiedener Teilnehmer*innen gebildet. In der bis dato einzigen Studie, die sich auf eine einzelne, auch personell ausgewiesene Versuchsperson konzentriert, kommt diese ausgerechnet aus der Klassik. Es handelt sich um die Pianistin Gabriela Montero aus Venezuela. Sie hat, im Gegensatz zu vielen ihrer Kolleg*innen, einen praktischen Bezug zur Improvisation. In ihren Konzerten interpretiert sie Klavierliteratur von »Bach and beyond«[9], im Anschluss improvisiert sie, gerne auch nach Vorschlägen aus dem Publikum.

An der Neuro-Improvisationsstudie mit Montero war unter

anderem Charles Limb beteiligt, der 2008 die erste Studie dieser Art unter Jazzpianist*innen vorgelegt hat. Ein markanter Unterschied zu den Jazzkolleg*innen besteht darin, dass bei Montero der visuelle Kortex aktiviert ist; im Einklang mit jenen zeigen sich bei ihren Improvisationen Muster der Aktivierung und De-Aktivierung von Hirnarealen, die auf das hindeuten, was man im Jazz immer wieder als ›Flow‹ bezeichnet.[10] Damit sind die neuronalen Substrate eines Zustandes lokalisiert, der vielen als der anzustrebende Modus des Improvisierens gilt: »das mentale Versinken im eigenen Tun, das Gefühl, dass einem alles mühelos von der Hand geht, sowie das Ausblenden der Zeit und der Umgebung«.[11] Musiker im Flow sind nicht einfach nur weggetreten: »Oft merke ich erst, dass ich im Flow-Zustand war, wenn ich ihn nachher vermisse«, merkt der Saxophonist und Musikwissenschaftler David Borgo (*1970) an.[12]

Den Flow – der motorische Aktivität voraussetzt und sich nicht allein bei Jazzmusiker*innen, sondern auch bei Sportler*innen, Maler*innen oder Tänzer*innen findet – dürfen wir uns also keineswegs als Träumerei vorstellen: Hier mäandert niemand ziellos vor sich hin. Vielmehr findet ein reger Austausch zwischen expliziten und impliziten Modi des Wissens statt, wobei die impliziten (›Dinge, die wir tun, ohne darauf zu achten‹) überwiegen. Erfahrung, Handwerk und Vorbereitung kommen hier zur Geltung, ohne dass sie spezifisch angesteuert oder aufgerufen werden müssten.

Wenn wir der weit verbreiteten Einschätzung folgen, entsprechend der sich das Gehirn durch Plastizität auszeichnet, also alle Handlungen dort ihren neuronalen Niederschlag finden und demzufolge auch das Gehirn permanent verändern, sollten wir über die Ergebnisse der neurowissenschaftlichen Improvisationsforschung eigentlich nicht allzu überrascht sein. Sie bestätigt Unterschiede, die auch der Alltagsverstand und die Sozialwissenschaften nahelegen.

Medizin als improvisatorische Praxis?

Improvisation in der Medizin ist eine ältere Praxis als der Jazz. 1896 veröffentlichte der Stabsarzt Johann Gschirhakl, Sanitäts-Referent beim k.k. Landwehr-Commando Wien, den Band *Feldärztliche Improvisationen*. Zwölf Jahre zuvor legte der königlich-bayrische Oberstabsarzt Julius Port ein ähnliches *Taschenbuch der Feldärztlichen Improvisationstechnik* vor. Darin heißt es:

> Zum Probiren und Studiren hat man im Kriege keine Zeit; da handelt es sich um rasche und sichere Thaten. Das Versuchsstadium der Improvisationsthätigkeit wird in Friedenszeiten zu absolviren sein. Man kann im Kriege nur dann mit Erfolg improvisiren, wenn man fertige Methoden von zu Hause mitbringt.[1]

Was Port hier beschreibt, unterscheidet sich bestenfalls von der Diktion her, aber inhaltlich kaum vom Motto des Jazzmusikers Lee Konitz (1927–2020): »prepare to be unprepared«. Port führt aus:

> Wer sich zutraut, ohne Uebung und Erfahrung wichtigere Improvisationen ex tempore fertig zu bringen, der könnte sich ebensogut für geeignet halten, mit ungeübten Muskeln athletische Productionen zu geben. […] Auch die Notbehelfe im Kriege müssen gelernt, geübt und studirt werden.[2]

In diesem »ex tempore« (›sogleich‹, ›aus dem Stegreif‹) könnte man einen Vorläufer zu einem modernen Improvisationsmodell erkennen, nämlich das von der Musikphilosophin Lydia Goehr (*1960) favorisierte »improvisation extempore«.[3] Die Kunst verbindet mit den Schlachtfeldern des 19. Jahrhunderts

(Port und Gschirhakl) allgemein die Vorbereitung darauf, spontan in Zusammenhängen handeln zu können, die sich durch Ungewissheit auszeichnen. Überraschenderweise thematisieren beide Improvisationsfibeln aus dem 19. Jahrhundert aber keineswegs Fragen der medizinischen Operationstechnik, sondern ganz überwiegend handwerklich-technische Aspekte wie das Herrichten von Lagerplätzen, den Transport von Verletzten, bis hin zu »Culinarische[n] Nothbehelfe[n]«, als handele es sich um Bastelanleitungen. Das Know-how des Operierens setzen diese Anleitungen offenkundig voraus.

Auf dieses muss sich auch der Arzt Peter J. Holden am 7. Juli 2005 verlassen. Anlässlich einer Konferenz hält er sich in der Zentrale der British Medical Association (BMA) auf, als um 9:47 Uhr in der Nähe des Gebäudes ein Bus explodiert: der vierte islamistische Terrorakt an diesem Tag in London. Holden schildert unter dem prägnanten Titel *Improvising in an Emergency* seine Arbeit:

> Ich habe 20 Jahre lang für eine solche Situation trainiert – allerdings unter der Annahme, dass ich Teil eines Rettungsteams sein würde, das korrekt gekleidet und ausgerüstet mit semi-militärischer Präzision sich bewegt. Stattdessen bin ich hemdsärmelig und in einem Nadelstreifenanzug, ohne Stift und ohne Papier, technisch gesehen bin ich ein unverletztes Opfer. Alles, was ich habe, sind mein Ausweis, OP-Handschuhe und die Erwartung meiner Kollegen, dass ich sie durch diese Krise führe.[4]

Insgesamt sterben in jenen Stunden am Tavistock Square 13 Menschen; das Operationsfeld (im wahrsten Sinne) von Holden und Kollegen beschränkt sich aber auf die unmittelbare Umgebung eines einzelnen Gebäudes dort (BMA-Haus), so dass sie es nicht mit allen von dem Anschlag Getroffenen zu tun hatten.

> Alle bis auf ein Opfer, die das BMA-Haus betreten haben, haben es lebend und in besserer Verfassung als bei der Ankunft verlassen. Ich spreche einzeln mit Kollegen, von denen viele nagende Zweifel an ihrer Leistungsfähigkeit haben.[5]

Der Alltag in Krankenhäusern und Arztpraxen, der Routinebetrieb sieht aber – so zumindest scheint es – ganz anders aus. Man hat den Eindruck, dass es neben dem Fußball keinen weiteren Bereich in der Gesellschaft gibt, in dem der Wert von Improvisation so zweifelhaft ist wie in der Medizin. Ärzt*innen werden als solche gesehen, die ihr Metier beherrschen: Nicht umsonst spricht man von einem ›Operationsplan‹, der vor der eigentlichen Operation festlegt, was getan werden muss. Und zu diesem Plan gehört das kontrollierte methodische und kenntnisreiche Vorgehen. Improvisation scheint nur dann vonnöten zu sein, wenn ein entsprechend gut vorbereitetes und beherrschtes Vorgehen nicht möglich ist. Es sieht so aus, als komme das Improvisieren in der Medizin nur dort in Betracht, wo die medizinisch Tätigen ihrer Sache nicht ganz sicher sind. Kurzum: Das Improvisieren hat in Bezug auf die Medizin nicht den besten Ruf.

Die Geringschätzung der Improvisation zeige sich, wie der Schmerzforscher Martin Schmelz beklagt, schon in der medizinischen Grundlagenforschung. Improvisation werde dort zwar »bei der Klärung von unerwarteten Forschungsergebnissen« eingesetzt, doch werde nur selten darüber berichtet. Schmelz nennt drei Aspekte: Erstens gelinge trotz Improvisation eine solche Klärung selten, und wenn sie gelänge, dann brächte sie zweitens meist nur »technische Fehler oder Artefakte zum Vorschein, die nicht veröffentlicht werden«. Wenn schließlich drittens doch neue Mechanismen aufgedeckt würden, blieben diese unerwähnt, da dies mit dem Eingeständnis verbunden sei, »die Versuchsergebnisse nicht geplant und anfänglich nicht verstanden zu haben«.[6]

Hier klingt so etwas wie ein Vorecho dessen an, was die medizinische Alltagspraxis als den Ort ausweist, an dem sich eher ein Negativimage des Improvisierens zeigt.

Ein typisches Beispiel: Nach dem Gespräch mit einem HNO-Chirurgen (der seine Arbeit durch die These charakterisiert, wer die Ohrspeicheldrüse operieren wolle, müsse improvisieren können) treffen wir per Zufall einen Menschen, der sich exakt dieser Operation bei diesem Arzt unterzogen hat. Als wir ihn darauf hinweisen, der Chirurg habe wahrscheinlich auch in seinem Falle improvisiert, fasst der inzwischen Genesene sich unwillkürlich an die entsprechende Stelle unterhalb des rechten Ohres und sagt: »Ja, ist auch immer noch ein bisschen taub hier.«

Ärzt*innen, die improvisieren, kann man sich trotz möglicher Zufriedenheit mit ihrer Arbeit nur als Handwerker*innen mit Nebenwirkungen vorstellen. Das äußere Bild korrespondiert, zumindest zum Teil, mit dem Selbstverständnis der Zunft, wie der Chirurg Ulrich Harréus (*1969) ausführt:

> Wenn ich jetzt einem Kollegen sagen würde, er müsste mehr improvisieren können im OP, dann würde er mich wahrscheinlich mit großen Augen anschauen und gar nicht verstehen. Wir sind darauf geschult, alles nach Lehrbuch zu machen, alles nach Standards, nach Leitlinien [...].[7]

Der Nutzen von Leitlinien ist gut belegt: Diese hätten »äußerst erfolgreich sowohl Bias als auch Noise reduziert«.[8] Mit Bias sind ›verzerrte‹ Urteile, mit Noise weit voneinander abweichende Urteile bei ähnlich gelagerten Fällen gemeint. Unter Ärzten, so die Autoren (ein Kognitionspsychologe, ein Unternehmensberater und ein Jurist), sei

> das Ausmaß an Noise viel höher, als wir vielleicht glauben. Bei der Diagnose von Krebs- und Herzerkrankungen – und sogar bei der Interpretation von Röntgenbildern – stimmen Spezialisten nicht immer überein. Dies bedeutet, dass die Behandlung, die ein Patient bekommt, unter Umständen etwas von einem Glücksspiel hat.[9]

Auch wenn medizinische Diagnosen eine breite Streuung von Urteilen aufweisen mögen, begreift die Medizinerin Sigrid Harendza (*1965) dies nicht als einen Grund für einen bloßen Rekurs auf Leitlinien, sondern besonders als einen solchen für eine Schulung von Mediziner*innen in Bezug auf die Abweichung von Standardfällen, denn medizinisches Arbeiten sei »von der Natur der Sache her unvorhersehbar«[10]. Für die Güte der Medizin ist es, so gesehen, entscheidend, dass Ärzt*innen darin geschult sind, seltene und von der Normalität abweichende Fälle als solche zu erkennen und mit ihnen angemessen umzugehen. Dazu gehört in erster Linie die Entwicklung von Urteilskraft, also jenes Vermögens, Verbreitetes und Außergewöhnliches sicher voneinander unterscheiden zu können.

Entsprechende Fähigkeiten spielen mit Blick auf Behandlungen eine zentrale Rolle. Dies lässt sich besonders an Operationen verdeutlichen: Auch wenn es bei unterschiedlichen Menschen große Gemeinsamkeiten in Bezug auf ihren Körperbau gibt, ist doch am Ende kein Körper genau wie der andere. Im Zuge einer Operation zeigen sich so vielfach spezifische Details, auf die man angemessen reagieren muss und über die auch die bildgebenden Verfahren nicht hinreichend informieren können. Dies gilt zum Beispiel in besonderem Maße für einen Tumor, da dieser an Gefäße oder Nerven stets unterschiedlich angrenzt oder sie umwuchert. Eine Operateurin kann also nur dann zu einem guten Ergebnis kommen, wenn sie sich auf solche Besonderheiten angemessen einzustellen vermag.

Genau dafür braucht sie improvisatorische Fähigkeiten. Mit ein wenig Überlegung sollte uns klar werden, dass wir die Güte von Ärzt*innen auch in diesem Sinn bewerten müssen. Wenn wir vor die Wahl gestellt werden, von einer Chirurgin mit großer Erfahrung in schwierigen und außergewöhnlichen Situationen oder von einer sehr guten jungen, aber noch nicht sonderlich erfahrenen Kollegin operiert zu werden, werden wir uns im Normalfall für die Erfahrenere entscheiden. Dahinter steckt – ob eingestanden oder nicht – die Einschätzung, dass die Qualität von Mediziner*innen in Fähigkeiten des Umgangs mit komplexen und unvorhergesehenen Situationen liegt.

Ein bestimmtes Verständnis dessen, was Medizin ist, das gerade bei medizinischen Laien immer wieder vorherrschen mag, sollte also revidiert werden. Die Improvisation ist kein Kennzeichen mangelnder Kenntnisse und unzureichender Ausbildung. Sie basiert auf komplexen Fähigkeiten, über die nur diejenigen verfügen, die viel Erfahrung gesammelt haben und die mit vielen unerwarteten Situationen konfrontiert wurden. Die besseren Operateur*innen sind in der Regel die, die improvisieren können.

Ihre Fähigkeiten sind, so kann man diese Überlegungen noch einmal paradox drehen, Bedingungen dafür, dass ein Mangel an Kenntnissen produktiv wird. Ohne Erfahrung und jeweils auf die Situation bezogene Urteilskraft führt ein Mangel an Kenntnissen nur dazu, dass man nicht zu agieren vermag. Es bedarf improvisatorischer Fähigkeiten, die aus viel Übung heraus zustande gekommen sind, um in einer Situation, die man so noch nicht kennt, eine operative Lösung zu finden. Die Bedeutung des Improvisierens liegt so gesehen auch darin, dass man dort weiterkommt, wo man sich nicht richtig auskennt (weil man sich bei der Vielfalt körperlicher Erscheinungsbilder grundsätzlich nicht vollständig auskennen kann).

Die Bedeutung des Improvisierens schlägt sich in der ärztlichen Ausbildung unter anderem bereits darin nieder, dass Ärzt*innen nur langsam daran herangeführt werden, völlig eigenständig Operationen durchzuführen. Sie müssen unterschiedliche Handgriffe vielfach üben, anderen zuschauen, um langsam Sicherheit und Eigenständigkeit zu gewinnen. Die Sicherheit, um die es dabei geht, ist keine des Lehrbuchwissens, sondern eine improvisatorische Sicherheit. Die Ärzt*innen müssen Fähigkeiten entwickeln, die es ihnen erlauben, gerade in unvorhergesehenen Situationen und angesichts schwieriger Fälle die richtigen Entscheidungen zu treffen und gute, der Situation möglichst angemessene Handgriffe zu machen. Zudem müssen sie lernen, mit den Mitgliedern des Teams, die miteinander operieren, in gelingender Weise zu kommunizieren.

> Die Auszubildenden können auch davon profitieren, wenn sie sehen, wie erfahrene Chirurgen ihren inneren Denkprozess modellieren, in dem sie chirurgische Ziele setzen und ihre eigene Leistung analysieren. Genau wie Sportmannschaften sich aufwärmen, können medizinische Improvisations-Übungen als routinemäßige Aufwärmübungen für chirurgische Teams eingebaut werden.[11]

Die Resonanz auf diese Kurse ist beeindruckend: 95 Prozent einer Gruppe anonym befragter Studierender meinte, dass das Studium der Improvisation sie »zu einem besseren Arzt machen« könnte.[12]

Kein Fortschritt in der Medizin wäre ohne Improvisation und die mit ihr verbundenen Fähigkeiten auch nur denkbar. Nur dort, wo Mediziner*innen über die Grenzen dessen, was als gesichertes Lehrbuchwissen gilt, hinausgehen, kann die Medizin sich weiterentwickeln. Das gilt für Operationstechniken ebenso wie für die Entwicklung von Medikamenten oder für Lernprozesse in Bezug auf deren medizinisch sinnvolle

Anwendung. Auch mit der aufkommenden Robotik verändert sich dies nicht in grundsätzlicher Weise. Zwar können es Roboter ermöglichen, präziser und weniger fehleranfällig sowohl in der Diagnostik als auch bei Operationen zu agieren. Gerade die Erschließung unbekannten medizinischen Terrains können sie jedoch nicht vollständig auf sich allein gestellt übernehmen. Hier wird das improvisatorische Geschick von Mediziner*innen weiterhin unverzichtbar bleiben.

Die Improvisation ist dabei Weg und Ziel zugleich: Einerseits müssen Ärzt*innen lernen zu improvisieren. Dies aber geht nur auf improvisierende Art und Weise. Sie müssen sukzessive in Situationen hineinwachsen, in denen sie improvisieren. Kurz: Durch das Improvisieren lernen sie zu improvisieren. Dabei bilden sie die Fähigkeiten aus, durch die sie auf Grundlage ihres medizinischen Wissens zu guten Mediziner*innen werden können. Diesen Fähigkeiten und den mit ihnen verbundenen Habitualisierungen müssen wir unser Augenmerk widmen. Es wird Zeit, dass wir über eine für alles Improvisieren zentrale Grundlage sprechen, nämlich über die Gewohnheit.

Das improvisierende Gewohnheitstier

Das menschliche Leben ist von Gewohnheiten bestimmt. Viele Verrichtungen des alltäglichen Lebens führen wir einfach so aus, ohne länger nachzudenken, ohne sie eigens als solche ins Auge zu fassen. Wir greifen nach dem Schlüssel, gehen die Treppe herunter, fahren mit dem Fahrrad die Straße entlang. Wir bekommen oft nicht mit, wie wir den Schlüssel in die Tasche stecken, wie wir einen Fuß nach dem anderen jeweils auf eine Stufe setzen oder wie wir es anstellen, dass wir auf dem Fahrrad das Gleichgewicht halten. Stellen wir uns vor, wir müssten jede noch so kleine Verrichtung gedanklich begleiten: Das wäre furchtbar anstrengend, und es würde viel mehr von dem, was wir tagein tagaus machen, schiefgehen. Wir benötigen Routinen, um nicht überfordert zu sein und um viele Dinge im täglichen Leben gut hinzubekommen.

Dennoch ist es mit Gewohnheiten so eine Sache. Wir sind geneigt, sie als bloße Routinen zu verstehen, die einfach blind ablaufen. Doch liegen wir mit diesem Verständnis richtig? Denken wir noch einmal an das in diesem Kontext oft bemühte Beispiel des Fahrradfahrens. Es gilt in jedem Fall, dass man, wenn man allzu sehr über den Bewegungsablauf nachzudenken beginnt, droht, nicht mehr klarzukommen.

In einer gewissermaßen klassischen Form hat Charles Sanders Peirce (1839–1914), ein Vertreter des amerikanischen Pragmatismus, die Bedeutung von Gewohnheiten für das menschliche Leben analysiert. Er vertritt die These, dass sich unsere Überzeugungen in Bezug auf grundlegende Aspekte der Welt und der Gesellschaft in Gewohnheiten sedimentieren, die nur ab und zu durch Momente des Zweifels unterbrochen werden.[1] Sofern es zu solchen Zweifeln kommt, ändern sich möglicherweise unsere Überzeugungen und damit auch unsere Gewohnheiten. Solange uns nichts zum Zweifeln bringt, funktionieren Gewohnheiten demnach unhinterfragt.

In der von Peirce vertretenen Position lässt sich auch das Improvisieren gut verorten. So kann man sagen, dass Improvisation genau dort erforderlich ist, wo Gewohnheiten nicht greifen. Das geschieht günstigstenfalls, so könnte man weiter ausführen, nur im Ausnahmefall. Nietzsche hat ein entsprechendes Verständnis prägnant gefasst:

> Das Unerträglichste freilich, das eigentlich Fürchterliche, wäre mir ein Leben ganz ohne Gewohnheiten, ein Leben, das fortwährend die Improvisation verlangt: – diess wäre meine Verbannung und mein Sibirien.[2]

Peirce und Nietzsche zeichnen ein klassisches Bild menschlicher Praxis, das von einer Polarität zwischen dem Festen auf der einen Seite und der Irritation und Reflexion auf der anderen Seite gekennzeichnet ist. Es ist genau das Bild, das wir in diesem Essay in Frage stellen wollen. An Improvisationen lässt sich lernen, dass aus dem Umgang mit Irritationen und ihrer Reflexion eine eigene Form der Stabilität hervorgehen kann. Es ist genau die Form der Stabilität, die das menschliche Leben auszeichnet. Was aber heißt das mit Blick auf die Gewohnheiten, die das menschliche Leben ausmachen?

Wenn wir die Lehren des Improvisierens einbeziehen, müssen wir Gewohnheiten in anderer Weise verstehen. Sie laufen nicht einfach blind ab, sondern sind aus sich heraus mit der Möglichkeit verbunden, auf Irritationen zu reagieren und mit ihnen umzugehen.

Überlegen wir noch einmal, was es heißt, gewohnheitsmäßig auf einem Bürgersteig entlangzulaufen: Im Normalfall werden wir keinen Gedanken daran verschwenden, wie wir die

Füße voreinander setzen. Wir werden auch nicht in besonderer Weise auf die Beschaffenheit des Bürgersteigs achten. Das ändert aber nichts daran, dass wir trotzdem in der Lage sein können, wahrzunehmen, dass es irgendwo eine glatte Stelle gibt oder dass Scherben im Weg liegen. In diesen Fällen gehen wir vorsichtiger oder weichen aus, ohne darauf gesondert zu achten. Die Gewohnheit läuft nicht einfach blind ab. Sie ist mit Fähigkeiten verbunden, auf besondere Umstände zu reagieren.

Wir können die Notwendigkeit, den Begriff der Gewohnheit vom Improvisieren her neu zu fassen, erkennen, wenn wir an Fälle denken, in denen Gewohnheiten tatsächlich blind ablaufen. Denken wir an Charlie Chaplins (1889–1977) *Modern Times* (USA 1936). Der Protagonist des Films, der Arbeiter Charlie, steht am Fließband und zieht mit großen Schraubenschlüsseln zwei Schrauben fest. Die Bewegungsabläufe sind ihm in Fleisch und Blut übergegangen. Sie zeigen sich dabei zum Teil so verselbständigt, dass Charlie in vielen Situationen die Bewegungen einfach weiter vollzieht. Auch am Fließband selbst ist er oftmals nicht in der Lage, auf veränderte Situationen zu reagieren. In dieser Karikatur einer industriellen Fließband-Produktion zeigt sich ein Automatismus, der immer wieder leerläuft. Das verdeutlicht indirekt, dass gewohnheitsmäßige Bewegungen nicht in dieser Weise automatisiert ablaufen. Der blinde Automatismus ist eine Fehlentwicklung von Gewohnheiten.

Gewohnheiten werden also falsch verstanden, wenn man sie als Verkörperungen stereotyper Abläufe fasst.[3] Auch wenn Peirce und viele andere damit recht haben, dass Gewohnheiten uns vom Druck, ständig reflektieren zu müssen, entlasten, folgt daraus nicht, dass Gewohnheiten durch eine Abwesenheit von Reflexionen gekennzeichnet sind. Sie entlasten auf andere Art und Weise, und zwar dadurch, dass die Reflexionen in ihnen selbst routiniert verlaufen. Wir können es vielleicht etwas um die Ecke gedacht so formulieren: In Gewohnheiten ist die Aufmerksamkeit für Abweichungen selbst zur Gewohnheit geworden. Wir sind in gewöhnlichen Situationen auf herausfordernde Momente eingestellt, sind also durch Gewohnheiten davon entlastet, Herausforderungen immer als solche erkennen zu müssen, um mit ihnen umgehen zu können. Gewohnheiten sind dynamische Routinen.

Wären Gewohnheiten einfach Automatisierungen, würde in vielen Situationen, in denen etwas dazwischenkommt, nichts mehr funktionieren. Das aber ist – glücklicherweise – nicht unbedingt der Fall. Dort, wo wir gewohnheitsmäßig agieren, kommen wir vielfach auch dann gut zurecht, wenn die Dinge von Normalzuständen abweichen. Das liegt genau darin begründet, dass zu Gewohnheiten eine letztlich unthematische Aufmerksamkeit für Besonderheiten und Irritationen gehört. Gewohnheiten sind, mit einem Wort gesagt, in sich plastisch.

Gewohnheiten aber spielen nicht nur im Alltag eine entscheidende Rolle. Sie sind auch zentral für viele außeralltägliche Tätigkeiten – nicht zuletzt auch für das Improvisieren.

Denken wir an eine Jazzsaxophonistin: Wer auf einem Instrument zu improvisieren lernt, muss Gewohnheiten entwickeln. Gerade für die komplizierten Abläufe im Spielen eines Instruments sind sie unerlässlich. Das gilt für die Koordination auf dem Schlagzeug genauso wie für Grifffolgen auf einem Blasinstrument. Man muss sehr viel geübt haben, um gut spielen zu können (man spricht von 10 000 Stunden). Und beim Üben geht es wesentlich darum, Gewohnheiten und Fähigkeiten zu erwerben. Wir sind auch mit Blick auf die Medizin genau darauf gestoßen. Eine gute Operateurin zeichnet aus, dass sie viele Gewohnheiten und Fähigkeiten entwickelt hat, die es ihr erlauben, in schwierigen Situationen weiterzuwissen.

Damit kommen wir auf eine bereits angesprochene grundsätzliche Korrektur im Verständnis des Begriffes der Improvisation zurück, die uns wichtig ist: Improvisieren gilt, gerade dann, wenn man an den Alltag denkt, als ein Agieren aus dem Moment heraus, ohne Vorbereitung.

Das aber ist falsch. Improvisieren basiert immer auf vielfältigen Vorbereitungen. Das gilt für den Alltag genauso wie für Improvisationen in den Künsten. Jeweils muss man Gewohnheiten und Fähigkeiten erworben haben, um improvisieren zu können.

Für die Gewohnheiten, die Grundlage von Improvisationen sind, gilt besonders, was wir bereits für Gewohnheiten insgesamt festgestellt haben: Sie erlauben mehr als lediglich automatisierte Abläufe. Sie sind mit Aufmerksamkeiten für Abweichungen und Irritationen sowie mit entsprechenden Reaktionsfähigkeiten verbunden. Wenn die Saxophonistin mit anderen zusammen improvisiert, muss sie in der Lage sein, Impulse von diesen anderen aufzugreifen und sie für die Weiterentwicklung der gemeinsamen Improvisation produktiv zu machen. Dabei trifft auch für das künstlerische Improvisieren gerade nicht zu, dass die Reaktion auf etwas Unerwartetes mit einem Ausstieg aus Gewohnheiten verbunden ist. Sie ist vielmehr so zu verstehen, dass sie aus Gewohnheiten heraus erfolgt.

Eine der Herausforderungen künstlerischen Improvisierens besteht darin, die eigene Wahrnehmungsfähigkeit so (weiter-) zu entwickeln, dass man die von den Mitspieler*innen ausgehenden Impulse auch tatsächlich erfasst. Wenn die gewohnheitsmäßige Wahrnehmung nur Vertrautes aufgreifen könnte, dann wäre es unmöglich, auf eine Abweichung von Seiten anderer zu reagieren. Wer improvisieren will, muss also auch seine Wahrnehmungsfähigkeiten in bestimmter Weise entwickelt haben. Die Wahrnehmungen müssen mit Möglichkeiten verbunden sein, etwas Unerwartetes auszumachen.

Mit einer solchen Entwicklung von Wahrnehmungsfähigkeiten muss eine Entwicklung von Reaktionsfähigkeiten einhergehen. Wäre man in der Lage zu erkennen, dass das Schlagzeug eine rhythmische Variation vorschlägt, die für die gemeinsame Improvisation wertvoll ist, ohne darauf reagieren zu können, wäre wenig gewonnen. In die Gewohnheiten einer Improvisierenden müssen also auch Reaktionsfähigkeiten eingelassen sein. Reaktionen müssen oftmals ohne großes Nachdenken hervorgebracht werden. Das gehört zum Flow, von dem wir bereits gesprochen haben.

Die bisherigen Überlegungen können wir so zusammenfassen: Zur Vorbereitung des Improvisierens gehört nicht nur der Erwerb von Gewohnheiten im Spielen des eigenen Instruments. Diese Gewohnheiten müssen auch mit Wahrnehmungs- und Reaktionsfähigkeiten verbunden werden, die es der Improvisierenden erlauben, mit Unerwartetem umzugehen. Oder noch allgemeiner: Zu all den kleinen und großen Gesprächen in dieser Welt, in denen es um etwas geht, gehört genauso wie zur Medizin, zum Recht und zur Politik – auf die wir noch zu sprechen kommen –, dass wir herausfordernde Momente als solche erkennen lernen und Reaktionsfähigkeiten entwickeln müssen, die uns mit ihnen umzugehen erlauben.

Damit aber ist der für das Improvisieren relevante Begriff der Gewohnheiten immer noch nicht vollständig erfasst. Es ist entscheidend, noch einen weiteren Aspekt zu bedenken: Die Reaktionen, die beim Improvisieren immer wieder gezeigt werden müssen, wirken auf die Gewohnheiten zurück. Während man improvisiert, lernt man, noch einmal anders oder – im günstigsten Fall – besser zu improvisieren. Das heißt, dass die Gewohnheiten, die Grundlage des Improvisierens sind, sich in ihrem Verlauf verändern. Improvisierende entwickeln sich gerade auch in den für sie grundlegenden Gewohnheiten. Denkt man an Jazzmusiker, ist das offensichtlich: Ein Musiker wie Herbie Hancock (*1940) war ein anderer, nachdem er länger mit Miles Davis gespielt hatte. Seine Veränderung betrifft nicht nur das, was er kennt und womit er vertraut ist; es betrifft auch ihn selbst und die für sein Spiel wesentlichen Gewohnheiten. Die improvisatorischen Begegnungen, die eine Musikerin erfahren hat, schreiben sich in sie ein. So basiert das Improvisieren auf dynamischen Gewohnheiten – Gewohnheiten, die sie voraussetzen, und Gewohnheiten, die sie zugleich weiterentwickeln.

Das, was sich hier an künstlerischen Improvisationen besonders deutlich zeigt, müssen wir auch auf den Alltag übertragen. Auch in unserem alltäglichen Leben sind unsere Gewohnheiten nicht einfach fixiert und stabil. Sie entwickeln sich. Diese Entwicklung geht aber nicht einfach kontinuierlich vonstatten, im Sinne eines selbstverständlichen Laufs der Dinge. Sie ist mit Impulsen verbunden, die wir auch im Improvisieren des Alltags aufnehmen und von denen wir verändert werden. Auch beim Skifahren oder beim Smalltalk sind Gewohnheiten damit verbunden, dass man Unerwartetes zu erkennen und auf es zu reagieren vermag. Die in ihnen verankerte Fähigkeit, Irritationen produktiv machen zu können, wirkt auf sie selbst zurück.

Diese Überlegungen zum Begriff der Gewohnheit sollen noch einmal mit unserem grundsätzlichen Anliegen verbunden werden. Improvisation wird normalerweise, so haben wir gesagt, nicht angemessen verstanden, da dem Menschen das Projekt der Selbststabilisierung zugeschrieben wird. Menschen entwickeln dem aus unserer Sicht falschen Bild zufolge aus sich heraus Bestimmungen, an die sie sich halten, wenn alles um sie herum im Fluss ist. Sofern keine solche Bestimmungen verfügbar sind oder sofern sie nicht greifen, muss improvisiert werden. Es ist deutlich, wo Gewohnheiten in dieser Alternative anzusiedeln sind: Sie sind als Elemente der Selbststabilisierung zu begreifen. Gewohnheiten sollen dem Menschen eine Festigkeit verleihen, die nicht an bewusstes Nachdenken und Entscheiden gekoppelt ist. Doch haben wir gesehen, dass man

Gewohnheiten so verstanden nicht gerecht wird. Gewohnheiten schließen nicht, wie Peirce meint, den Zweifel aus. Sie schließen ihn vielmehr ein – und zwar in einer routinierten Form, die keine besondere Aufmerksamkeit verlangt. Gerade ein angemessenes Verständnis von Gewohnheiten macht auf diese Weise deutlich, dass das Bild vom Menschen als einem Tier, das sich selbst aus sich heraus Festigkeit verleiht, nicht stimmt. Der Mensch ist ein Lebewesen, das sich immer zu verändern und weiterzuentwickeln vermag. Für die dem Menschen eigene Dynamik sind Gewohnheiten entscheidend.

Diese Korrektur im Begriff der Gewohnheit trägt zu einem anderen Verständnis des Menschen bei. Der Mensch ist ein Gewohnheitstier – daran gibt es nichts zu rütteln. Aber das Gewohnheitstier ist nicht bloß auf automatisierte Routinen angelegt. Gewohnheiten erlauben es dem Menschen, immer wieder auf Besonderheiten und Unerwartetes zu reagieren. Was sich am Jazz in aller Deutlichkeit zeigt, gilt auch für alltägliche Kontexte und für viele spezifische Bereiche der menschlichen Praxis wie die Medizin oder den Sport: Menschen entwickeln Routinen, die mit Aufmerksamkeiten und Reaktionsfähigkeiten in Bezug auf Abweichungen und überraschende Gelegenheiten verbunden sind.

Der Psychologe James J. Gibson (1904–1979) hat im Jahr 1966 mit »affordance« einen Begriff in die Diskussion gebracht, der für ein verändertes Verständnis der Gewohnheit von Interesse ist.[4]

Dieses Wort ist im Deutschen nicht einfach zu übersetzen. Am besten können wir vielleicht von ›Gelegenheit‹ sprechen. Eine *affordance* bietet sich an. Sie konfrontiert einen mit etwas, was man aufgreifen, aus dem man etwas machen kann. In künstlerischen Improvisationen kann man von einem Impuls sprechen, der von einer Improvisierenden ausgeht. Ein Impuls bietet den Mitspieler*innen eine Gelegenheit, diesen Impuls produktiv zu machen. Aber auch eine überraschende Geländebeschaffenheit beim Skifahren ist eine Gelegenheit im Sinne einer *affordance*. Ein besonders prägnantes Beispiel von Gelegenheiten zeigt sich beim ›Torriecher‹ mancher Fußballspieler*innen. Nicht zuletzt für sie gilt: Ihre Gewohnheiten müssen als Gelegenheits-sensibel verstanden werden. Sie sind darauf angelegt, Gelegenheiten aufzugreifen und sich an Gelegenheiten weiterzuentwickeln.

In allen menschlichen Praktiken ist es entscheidend, Gelegenheit im Sinne von *affordances* zu erfassen und zu nutzen. Für die Chirurgie gilt das wie für ein Interview im Radio. Wenn eine Moderatorin bei einer Gesprächspartnerin in einer Äußerung etwas wahrnimmt, dem nachzugehen sich lohnen könnte, gewinnt sie eine Gelegenheit, dem Gespräch eine neue Richtung zu geben. Ähnliches gilt, wenn sich im Verlauf einer Operation eine besondere körperliche Beschaffenheit zeigt; sie kann eine Gelegenheit dafür bieten, etwas in anderer Weise zu machen als üblich. Auch für Diskussionen und Gespräche gilt, dass sich in ihnen immer wieder Gelegenheiten eröffnen. Eine gute Gesprächsführung besteht dann darin, die Gelegenheit zu erfassen und sie für die weitere Diskussion beziehungsweise das weitere Gespräch zu nutzen.

Sowohl in alltäglichen als auch in nichtalltäglichen Praktiken können Gelegenheiten in zwei Formen auftreten: Manche von ihnen liegen in dem, womit die Welt und die gesellschaftliche Umgebung uns konfrontiert. Andere werden von uns und denen, mit denen wir interagieren, hervorgebracht. Wenn in der Tanz-Improvisation ein Tänzer eine ungewohnte Armbewegung macht, stellt er eine Gelegenheit für die anderen Tänzer*innen her. Auch ein Kunstwerk lässt sich als eine Gelegenheit begreifen, die von Menschen hervorgebracht wurde. Es erlaubt uns neue Wahrnehmungen oder affektive Reaktionen.

Gelegenheiten beiden Typs sind wichtig für das, was wir

Menschen aus uns machen. Wenn wir ihnen gegenüber abstumpfen, erstarren wir in festen Formen, wie denen, die Chaplin im Film karikiert. Es ist wichtig für eine gelingende Entwicklung menschlicher Praxis, dass Gelegenheiten wahrgenommen und aufgegriffen werden. Und es ist genauso wichtig für die Praxis, dass Menschen immer wieder selbst füreinander Gelegenheiten stiften, um sich wechselseitig voranzubringen. Dies geschieht unter anderem in verabredeten Improvisationen. Doch sind auch, wo Gelegenheiten nicht von Menschen hervorgebracht werden, improvisatorische Fähigkeiten entscheidend. Es sind genau die Fähigkeiten, die der Mensch als Gewohnheitstier entwickelt hat. Sie müssen nur richtig verstanden werden.

Die Improvisation des Entscheidens: Politik, Organisation – und Fußball

Improvisation hat keinen guten Ruf in der politischen Debatte. Typisch ist das Resümee des Publizisten Robin Alexander (*1975) in seiner Bilanz der sogenannten »Flüchtlingskrise« 2015: »In Wahrheit war nichts Strategie und alles Improvisation.«[1] Auch in pandemischen Zeiten, in denen offenkundig und gewissermaßen im Weltmaßstab improvisiert wird, hat die allfällige Klage über den Mangel an Planung angesichts der Herausforderung eher wenig dazu animiert, den Begriff zu verwenden.

Gleichwohl stammt der wohl plakativste Titel der gesamten aktuellen Improvisationsliteratur aus der politischen Zeitgeschichtsschreibung. 2014 veröffentlichte der US-Historiker James Graham Wilson (*1980) eine Studie mit dem Titel *The Triumph of Improvisation*. Auf dem Cover erscheinen nicht Charlie Parker (1920–1955), John Coltrane (1926–1967) oder Miles Davis, sondern Ronald Reagan (1911–2004) und Michail Gorbatschow (*1931). Der Untertitel – »Gorbachev's Adaptability, Reagan's Engagement and the End of the Cold War« – deutet die Hauptthese des Buches an: Kein Masterplan beziehungsweise keine Großstrategie habe den Kalten Krieg beendet, sondern improvisierendes Handeln in beiden Lagern. Wilson lokalisiert den Kern der Improvisation im Verhalten zweier neu eingewechselter Berater, Jack Matlock (*1929) auf Seiten Reagans und Alexandr Yakovlev (1923–2005) auf Seiten Gorbatschows. Beide hielten die bis zu ihrem Einstieg praktizierte Politik, die durch wechselseitiges Misstrauen geprägt war, für falsch. Sie setzten sich mit ihren Plädoyers für wechselseitiges Vertrauen durch.

Auch auf die europäische Politik in den Jahren seit 2010, die von Finanz- und Geflüchtetenkrise geprägt ist, wurde der Begriff angewendet. Der niederländische Politikwissenschaftler Luuk van Middelaar (*1973) macht in diesen Bereichen einen Paradigmenwechsel aus, und zwar »den Übergang von einem System, das ausschließlich auf einer regel-geleiteten Politik basiert, hin zu einem System, das sich in einer Politik der Ereignisse bewähren muss«.[2] Während der erste Politik-Typus auf einem eingespielten Mechanismus beruhe, der Konsens und Resultate produziert und dabei immer von der Annahme geleitet wird, Geschichte bewege sich entlang vorhersehbarer Linien, gehe es bei der Politik der Ereignisse um etwas ganz anderes, nämlich darum, »unvorhergesehene Ereignisse in den Griff zu bekommen«.[3] Auch alle eher distanzierten Beobachter*innen von Politik wird wenig überraschen, dass van Middelaar in dieser Hinsicht wenig Erfahrung bei den politisch Handelnden registriert und noch viel Luft nach oben sieht.

Die beiden Großkontexte der jüngeren Politik in Europa und der Welt mögen ein Beispiel dafür geben, dass aller Skepsis gegenüber dem Begriff der Improvisation zum Trotz vieles in der Politik improvisationstheoretisch rekonstruiert werden kann. Es geht in diesem Bereich vor allem um die Struktur des Entscheidens. Politische Entscheidungen fallen unter dem Druck sich ständig wechselnder Sachverhalte. Dabei sind in demokratisch verfassten Gemeinwesen immer mehrere Personen oder Gruppen, zumeist mit widerstreitenden Interessen, beteiligt. So geht es um komplexe Prozesse der Aushandlung, die oftmals hinter verschlossenen Türen stattfinden. Zu ihnen gehören aber auch Versuche, die öffentliche Meinung zu beeinflussen, unter anderem durch Informationen, die aus vertraulichen Gesprächen und geschlossenen Sitzungen an die Öffentlichkeit durchgestochen werden.

In Gremien zu Entscheidungen zu kommen, hat eine eigene Dynamik. Es gilt, den rechten Moment abzupassen, um zu einem Konsens zu gelangen – sofern dies überhaupt möglich ist. Ähnliches gilt, wenn eine Abstimmung in dem Moment herbeigeführt werden soll, wenn sich die Stimmung in Richtung der eigenen Position gedreht hat. Viel Geschick und situatives Gespür sind notwendig, um in unüberschaubaren Zusammenhängen eine produktive Entscheidung herbeizuführen. Auch wenn einzelne Teilnehmer*innen im politischen Diskurs in ihren Positionen mehr oder weniger klar einzuschätzen sein mögen, erfordert gerade das Zusammenspiel unterschiedlicher Positionen in einem politischen Gremium improvisatorisches Handeln.

Die grundlegend improvisatorische Dimension politischer Verhältnisse lässt sich auch am Entscheiden als solchem festmachen. Der Politikwissenschaftler Karl-Rudolf Korte (*1958) spricht von einem »Momentum des Entscheidens«, das »ungeregelt« sei.[4] Wie entsteht eine Entscheidung? Auf den ersten Blick könnte man sagen, dass eine Entscheidung aus Überlegungen, aus einem Plan, hervorgeht. Dafür könnte gutes Argumentieren maßgeblich sein. Doch klingt es wenig plausibel zu sagen, dass man sich zu einer Schlussfolgerung durchringt. Eine Schlussfolgerung ist zwingend (im Sinne des »zwanglosen Zwangs«, den der Philosoph Jürgen Habermas (*1929) dem besseren Argument zuschreibt)[5]. Eine Entscheidung ist aber nicht zwingend; sie muss getroffen werden. Dies ist nur dann möglich, wenn man an irgendeinem Punkt die Diskussion beendet und zu einer Entscheidung kommt. Damit ist ein Moment von Ungewissheit unvermeidbar verbunden. Man kann eine Entscheidung nicht ein für alle Mal absichern.

Im Gegensatz zu einem als zwingend verstandenen Argument zeichnet die Entscheidung also aus, dass sie immer einen strukturellen Bruch hervorbringt. Die Diskussion wird beendet, und dies geschieht möglicherweise forciert und ohne Absicherung. Dafür braucht es die besonderen Fähigkeiten, von denen bereits viel die Rede war: Fähigkeiten, Gelegenheiten und besondere Momente wahrzunehmen sowie angemessen zu reagieren. Wenn Entscheidungen handstreichartig getroffen werden, drohen sie als willkürliche Akte verstanden zu werden, die keinerlei bestimmende Kraft entfalten. Man stelle sich vor, dass ein Gremium offiziell eine bestimmte Entscheidung fällt, und sich dann keine und keiner der Teilnehmer*innen an die Entscheidung hält. Nicht zuletzt in der Corona-Pandemie haben wir Entsprechendes immer wieder erlebt. Es ist eine eigene Kunst, Entscheidungen so zu etablieren, dass sie auch akzeptiert und von den maßgeblichen Kräften getragen werden.

Man kann also nicht entscheiden, ohne zu improvisieren. Würde man in allem kontrolliert vorgehen und würde nur Ergebnisse kalkulieren, dann gäbe es nichts zu entscheiden. Das Improvisieren, das zu Entscheidungen führt, hat eine charakteristische zeitliche Logik: Es gilt, den richtigen Moment nicht zu verpassen. Wie betont, gehört zu allem Entscheiden das Abwägen, Rede und Gegenrede, die Rhetoriken des Überredens und Überrumpelns, die auch mit Momenten von Macht und (sprachlicher) Gewalt verbunden sind: Entscheidungen sind damit verbunden, dass eine spezifische Position sich durchsetzt. Das kann dort, wo unterschiedliche Perspektiven aufeinandertreffen, im günstigsten Fall durch einen Kompromiss geschehen. Doch muss auch hierzu die Debatte durch eine Festlegung, wie auch immer sie aussieht, wie unsicher und vorläufig sie auch immer sein mag, erst einmal beendet werden. An politischen Entscheidungsprozessen zeigt sich in aller Deutlichkeit, dass allzu leicht der richtige Zeitpunkt für eine Entscheidung verpasst werden kann. Die Politik der ruhigen Hand ist oftmals eine Politik der verpassten Chancen.

Zuspitzend gesagt: Nicht zu entscheiden erweist sich oftmals auch als eine Entscheidung, wie Karl-Rudolf Korte ausführt: »Politische Spitzenakteure erkennt man insofern daran, wie sie clever, intuitiv *nicht* entscheiden. Das gilt primär für den nicht-öffentlichen Bereich.«[6] Zweifelsohne enthalten alle politischen Entscheidungen und auch Nicht-Entscheidungen ein Risiko, nämlich das Risiko zu scheitern. Auch dies gehört zu ihrem improvisatorischen Charakter. Die Möglichkeit zu scheitern ist eine zentrale Seite des Improvisierens.

In der gegenwärtigen Diskussion über persönliche und politische Tugenden steht ein Begriff hoch im Kurs, der hier zu passen scheint: der Begriff der Resilienz. Der Soziologe Andreas Reckwitz (*1970) meint, der Begriff der Resilienz könne »zu einem Schlüsselwort der Post-Corona-Ära, ja für die Politik des 21. Jahrhunderts insgesamt werden«.[7] Auch bei Korte finden wir ›Resilienz‹ als Bezeichnung für geglücktes politisches Handeln; beispielsweise ergebe sich »Resilienz-Stärke« aus der Kombination von »Politikmanagement und Verwaltungsaufbau«, oder auch aus dem »Modus tastenden Lernens«.[8] An dieser Stelle schwingt ›improviso‹ mit, das Ungeplante, die Ungewissheit, der Druck der Umstände, unter denen politische Entscheidungen getroffen werden müssen.

Doch was besagt der Begriff der Resilienz genau? Und lässt er sich als Aspekt improvisatorischen Handelns in der Politik und darüber hinaus verstehen? Der Begriff der Resilienz stammt aus der Werkstoffkunde und bezeichnet die Fähigkeit eines Materials, nach Belastung wieder in seinen Ursprungszustand zurückzukehren. Als Metapher hat der Begriff Eingang in die Psychologie und Psychotherapie gefunden und ist inzwischen in viele fachwissenschaftliche und gesellschaftliche Diskurse diffundiert. Von seinem Bedeutungskern her »stehen exogene [von außen kommende] Störungen im Mittelpunkt der Resilienzbetrachtung und nicht endogene [von innen kommende] Entwicklungen«[9].

Dies gibt uns einen ersten Hinweis darauf, wie die Betonung von Resilienz zu den von uns verteidigten Ungewissheiten des Improvisierens steht: Resilienz bezeichnet in der Tendenz einen Zustand des Gestärktseins gegen externe Impulse.

Das Improvisieren hingegen hat, so haben unsere Überlegungen deutlich gemacht, grundsätzlich eine andere Struktur. Wer improvisiert, reagiert auf Impulse, lässt sich von ihnen verändern. Wer immer wieder in den Ausgangszustand zurückkehrt, improvisiert nicht, sondern beharrt darauf, dass sie oder er nun einmal so ist, wie sie oder er ist. Das mag in Bezug auf politische Karrieren zuweilen förderlich sein. Im Sinne einer Kultur politischer Diskussion und politischen Entscheidens ist solches jedoch nicht produktiv. Mit dem Begriff der Resilienz wird ein Bild von Politik als einer Kunst der Krisenfestigkeit gezeichnet. Dabei gilt die Krise primär als das, das durch äußere Umstände zustande kommt und das es zu bewältigen gilt. Im Vergleich dazu gilt die Krise im Improvisieren eher als Chance. Improvisieren heißt, genau betrachtet, auf Krisen vorbereitet zu sein, sie vielfach sogar selbst hervorzubringen und sie für das improvisatorische Geschehen (zum Beispiel die Politik) produktiv zu machen.

Nun ist es wie immer: Mit einfachen Entgegensetzungen ist es am Ende nicht getan. Resilienz lässt sich durchaus so verstehen, dass sie eine wichtige Dimension des Improvisierens ausmacht. Allerdings muss man in der Erläuterung von Resilienz dann nicht primär von der Abwehr äußerer Störungen ausgehen. Vielmehr muss man die mit Resilienz gegebene Widerstandsfähigkeit auch als Ergebnis innerer Entwicklungen begreifen, die mit dem Erwerb und der Erweiterung von Improvisationsfähigkeiten verbunden sind. Wer diese Fähigkeiten im Umgang mit Unerwartetem entwickelt hat, wird so gesehen resilient. Die Störungen, die man erfahren wird, werden so zu Elementen einer inneren Entwicklung, so dass sie zunehmend nicht mehr als äußere Bedrohungen, sondern als

Chancen erfahren werden, aus denen sich etwas machen lässt. Das bedeutet zugleich, dass die Widerstandsfähigkeit nicht einfach in sich beständig ist, sondern dass sie sich mit Impulsen entwickelt. Wenn man Resilienz in dieser Weise versteht, kann man Reckwitz vielleicht tatsächlich Recht geben: Sie könnte sich als eine grundlegende Fähigkeit für die Politik des 21. Jahrhunderts und das sie prägende Improvisieren erweisen.

Die improvisatorische Dimension des Entscheidens kommt aber nicht nur in der Politik vor; der Begriff der Improvisation gewinnt auch in der Organisationstheorie an Bedeutung, und zwar sowohl mit Blick auf wirtschaftliche als auch mit Blick auf andere Organisationen. Gerade in Veränderungsprozessen von Unternehmen sind improvisatorische Fähigkeiten und Interaktionen wichtig. Dies kommt in dem folgenden Buchtitel der beiden Expert*innen in Fragen der Organisation, Patricia Shaw und Ralph Stacey, zum Ausdruck: *Experiencing Spontaneity, Risk & Improvisation in Organizational Change.*[10]

Die Situation, in sich permanent verändernden Märkten wirtschaften zu müssen, bringt Unternehmen heute zunehmend dazu, den Wandel als ihre Grundsituation zu begreifen. Sie benötigen in diesen Situationen eine Dynamik des Entscheidens, die von derjenigen politischer Meinungsbildungsprozesse deutlich abweicht. Eine Entscheidung über einen Wechsel der Produktstrategie kommt allzu leicht zu spät. Es gilt, stets Veränderungen von Märkten im Voraus zu erkennen und durch eigene Impulse zum Nutzen des eigenen Unternehmens zu prägen. Der Begriff der Improvisation gibt dafür die passende theoretische Orientierung. Es gelten nicht mehr organisatorisches Planen, sondern Strukturen flexiblen Reagierens als erstrebenswert.[11]

Was bedeutet dies für die Struktur von Entscheidungsprozessen? Anders als in der Politik geht es in Unternehmen nicht um die Diskussion als Grundlage einer repräsentativ getroffenen Entscheidung. Es ist nicht grundsätzlich wichtig, möglichst alle Stimmen zu beteiligen und zwischen unterschiedlichen Interessen abzuwägen. Vielmehr muss sichergestellt werden, dass Entscheidungen den Erfolg eines Unternehmens sichern oder – im besten Fall – noch erhöhen. Wichtig sind Impulse für Entscheidungen, mit denen das Unternehmen in geschickter Weise (um-)gesteuert wird. Entscheidungen müssen hier vielfach so schnell wie möglich getroffen werden. Gerade aus diesem Grund bedarf es einer Struktur, die das Zustandekommen von Impulsen begünstigt.

An diesem Punkt lassen sich – zumindest in einem gewissen Maße – Bezüge zum Jazz herstellen. Auch dort ist die Struktur der Interaktion so angelegt, dass einzelne Beteiligte Impulse hervorbringen können, mit denen sie das gemeinsame Spiel weiterentwickeln. Im Jazz geht es aber offensichtlich nicht darum, zu einer guten Managemententscheidung zu kommen, sondern darum, dass ein Projekt ästhetisch gelingt, so dass sich ein gänzlich anderer ›Produkt‹-Charakter als in der Wirtschaft zeigt. Ziel ist hier die Maximierung des Gewinns derjenigen, denen das Unternehmen gehört – Aspekte wie die Zufriedenheit von Mitarbeiter*innen und Kund*innen (zum Beispiel durch die möglichst gleichbleibende Qualität eines Produkts oder einer Dienstleistung) sind, streng betrachtet, eher von sekundärer Bedeutung. Motiviert wird der improvisatorische Prozess vom wirtschaftlichen Erfolg her.

Dass es im Jazz oder allgemeiner in künstlerischen Improvisationen oder auch in abendlichen Gesprächsrunden keinen vergleichbaren steuernden Faktor gibt, bedeutet aber nicht, dass das Improvisieren ungesteuert ablaufen würde. Sein Gelingen wird hier gewissermaßen intern gesichert. Mit jedem Impuls beanspruchen diejenigen, die sich zu Wort melden, etwas Wertvolles zum gemeinsamen Gespräch beizutragen. Wenn die anderen den Impuls für misslungen halten, mag dies dazu führen, dass sie ihn ignorieren. Andernfalls nehmen sie Stellung, indem sie ihm folgen, einen Gegenimpuls setzen usw. Die Reaktionen im Improvisieren schließen unentwegt Bewertungen ein. Dies ist beim Jazz, im Tanz oder auf der Bühne nicht anders: Stets werden die hervorgebrachten Impulse implizit oder zum Teil auch explizit bewertet – man denke nur an Proben oder auch an die Ausbildung von Musiker*innen und Tänzer*innen.

Eine ähnliche Struktur finden wir in offenen Entscheidungszusammenhängen wie in denjenigen betrieblicher Organisationen. Hier geht es um einen Wettbewerb in der Entwicklung von Ideen, deren am Ende erreichte jeweilige Gestalt prinzipiell noch nicht absehbar ist. Insofern handelt es sich um ein offenes Bewertungsgeschehen, das Analogien zum Free Jazz aufweist: Jeder Impuls fordert Reaktionen, die den Impuls daraufhin bewerten, wie sie ihn fortführen, kontern oder unbeachtet lassen. Ein überzeugender Impuls bringt dabei oftmals eine Dynamik hervor, die quasi von selbst zur Entscheidung führt. Der Titel eines großen Kongresses 1995 in Vancouver *Jazz as a Metaphor for Organizing in the 21st Century* lässt sich genau in diesem Sinne verstehen: Märkte sind im 21. Jahrhundert so schnelllebig, dass Unternehmen einen steten Wandel organisieren müssen, wollen sie erfolgreich sein.

Ein markantes Beispiel improvisierender Organisation ist 9/11. So gelang es am Tage des Angriffs auf das World Trade Center, in kurzer Zeit eine halbe Million Menschen aus New York City auf dem Wasserweg zu evakuieren. Die Notfallzentrale, die im Center zerstört worden war, wurde innerhalb weniger Tage an anderer Stelle wieder aufgebaut.[12] Hier ermöglichten Entscheidungsprozesse offensichtlich ungewöhnliche, schnelle Reaktionen. Unter unvorhergesehenen Umständen wurden unter hohem Zeitdruck wichtige Veränderungen üblicher Abläufe umgesetzt.

Noch einmal anders gestaltet sich die improvisatorische Struktur des Entscheidens überall dort, wo es blitzschnell, in Millisekunden zu entscheiden gilt. Man kann hier an Blitzschach denken oder an Mannschaftssportarten wie Fußball. Zugespitzt gesagt gilt es hier oft zu entscheiden, bevor der Impuls zustande kommt. Man muss das Spiel ›lesen‹ und Gelegenheiten, die sich in ihm ergeben, unmittelbar erfassen – unabhängig davon, ob es um ein Schachbrett oder um den Fußballplatz geht. Aufgrund der für das Fußballspiel erforderlichen komplexen körperlich-motorischen und taktischen Geschicklichkeiten kann man zu dem Eindruck gelangen, dass es durch und durch improvisiert ist:

> Es geht darum, die Umgebung genau zu erfassen, und zwar nicht nur, was jetzt gerade geschieht, sondern was als Nächstes geschehen könnte, in Bezug auf die Spieler, den Ball und den Raum. Das zeichnet große Fußballspieler ebenso aus wie große Jazzmusiker.[13]

Für Richard Williams (*1947), einen der führenden sowohl Sport- als auch Jazz-Publizisten in England, mag es naheliegen, den eigentümlichen Charakter von Fußball mit dem Begriff der Improvisation zu erläutern. Andere fremdeln deutlich damit. So kann auch der Fußball als einer der gesellschaftlichen Bereiche gelten, in denen es eher unüblich ist, von Improvisation zu sprechen. Geht es doch um Kaderplanung, Nachwuchsstrategie, Taktikschulung von Spieler*innen und nicht zuletzt um hartes körperliches Training, das sich in hohen Fitnesswerten und außergewöhnlichen Fähigkeiten der Ballbeherrschung niederschlagen soll. All dies hat nach dem Selbstverständnis des Sports wenig mit Improvisation zu tun. Auch in sportwissenschaftlichen Studien bevorzugt man ganz überwiegend den Begriff ›Kreativität‹.

Dennoch ist die Dynamik auf dem Platz durch alle mögliche Planung, Strategie und Taktik nicht restlos zu kontrollieren. Das Fußballspiel ist »nicht verregelbar«, denn dafür »sind – schon allein aufgrund der Anzahl der Spieler in den Teams, die gegenläufige Aktivitäten unternehmen – die Situationen zu vielfältig und unvorhersehbar«, wie der Sozialwissenschaftler David Vossebrecher meint.[14] Entscheidend ist es, in der jeweiligen Situation zu reagieren, und mit dem Ball etwas anzustellen, mit dem so niemand gerechnet hat. Insofern sind die Fähigkeiten, die exzellente Fußballer*innen auszeichnen, improvisatorischer Natur. Sie haben viel damit zu tun, zu erahnen bzw. zu antizipieren, wie das Spiel sich entwickeln könnte. Es gilt unter anderem, den eigenen Laufweg so einzustellen, dass man den Ball an einer Stelle zu verarbeiten vermag, auf die die Verteidigung nicht eingestellt ist. Im Normalfall werden entsprechende Entscheidungen nicht explizit getroffen, sondern kommen aus körperlichen Abläufen heraus zustande. Sie werden gewissermaßen blind herbeigeführt. Auch im Fußball geht es um Flow.

Die Selbstorganisation menschlichen Handelns kennt letztlich keine Grenzen. Sie findet sich im privaten Bereich bei Paaren, Freund*innen und Familien ebenso wie im Segelclub, der Wohnungsbaugenossenschaft oder der NGO. Wo auch immer es darum geht, Dinge zu klären und zu verändern und sich auf den Wandel einzustellen, mit dem die Welt und die anderen uns konfrontieren, sind Strukturen des Entscheidens gefragt, die auf improvisatorischen Fähigkeiten und Interaktionen beruhen.

Die langjährige Bundeskanzlerin Angela Merkel (*1954), zu deren Kernvokabular der Begriff des Improvisierens wohl eher nicht gehört, beschreibt ihre eigene Praxis ganz in diesem Sinne. In einer Antwort vor der Bundespressekonferenz führt sie aus, »das Faszinierende« an der Politik bestehe für sie darin,

> dass Sie oft morgens ins Büro kommen und nicht wissen, wie der Abend aussieht […]. Und das vielleicht Wichtigste ist, sich nicht sozusagen in der Politik auf den einmal gefundenen Pfad zurückzuziehen und zu sagen: »Das habe ich vor 14 Tagen beschlossen, das musst du jetzt durchziehen«, sondern immer wieder klug die Lage zu analysieren und zu fragen, ob sich was verändert.[15]

Diese Einsicht lässt sich beliebig variieren: auf den Platz zu gehen und nicht zu wissen, was man im nächsten Spielzug machen wird; in einem neuen Job zu arbeiten und nicht zu wissen, wie man ihn und sich in drei Monaten entwickelt haben wird; in einen politischen Prozess einzutreten und nicht zu wissen, wie er die eigene Position verändern wird. Wer auch immer entscheidet, muss die Ungewissheit schätzen, die mit allem Entscheiden unweigerlich verbunden ist.

Das angemessene Urteil: Improvisation im Recht

Das Recht stellt einen Bereich dar, in dem man Improvisation wohl am wenigsten vermutet. Es gilt als Hort gesellschaftlicher Stabilität. Als ein solcher scheint es vor der Unsicherheit des Improvisierens geschützt zu sein. Auch wenn in der Rechtsprechung Entscheidungen (in Form von Urteilen) wesentlich sind, sind diese allem Anschein nach durch rechtliche Normen fixiert. Wo sollte da Raum für Improvisation bleiben? Doch müssen wir auch in diesem Fall unsere Einschätzungen auf den Prüfstand stellen. Am Ende ist es ganz anders, als man zuerst denken mag: Improvisation ist als ein Mechanismus der Stabilisierung des Rechts zu begreifen. Sie ist wesentlich für das Recht in seiner zentralen Rolle, die Struktur und das Funktionieren von Gesellschaften zu bewahren.

Was erwarten wir von einem angemessenen Urteil? Es soll dem spezifischen Fall, um den es geht, Gerechtigkeit widerfahren lassen. Die rechtlichen Normen, die auf den Fall angewendet werden, dürfen ihn nicht verzerren. Eine Verzerrung wäre dann gegeben, wenn eine Norm dem Fall ohne viel Nachdenken einfach übergestülpt würde. Rechtliche Normen werden in vielen Rechtssystemen durch Rechtstexte (Gesetze) etabliert. Doch sind diese auch dann im Spiel, wenn auf die Formulierung von Gesetzen verzichtet wird, wie im angelsächsischen Case Law (Fallrecht). Hier basiert das Rechtssystem auf einzelnen Urteilen von Richter*innen, die von nachfolgenden Rechtsprechungen als paradigmatisch betrachtet werden (oder nicht).

Unabhängig davon, wie das Rechtssystem genau verfasst ist, gilt grundsätzlich für jeden neuen Fall: Die spezifischen Umstände dessen, was geschehen ist, lassen sich nicht einfach unter einen Rechtsbegriff subsumieren. Nichts ist einfach von sich aus ein Fall einer bestimmten Rechtsnorm. Das Geschehen muss erst als ein solcher Fall beschrieben werden. Würde man in diesem Zusammenhang wiederum bloß feststehende Begriffe heranziehen, würde der Fall als solcher nicht angemessen beachtet.

Eine angemessene Beschreibung eines Geschehens als eines rechtlichen Falls setzt voraus, dass die dabei herangezogenen Begriffe dem Geschehen, um das es geht, angepasst werden. Je nach Geschehen müssen die Begriffe verändert werden können, wenn dies erforderlich ist. Ein Begriff wie der des Mordes steht nicht einfach fest. Er verändert sich – streng gesehen – von Fall zu Fall. Meist sind die Veränderungen eher unerheblich und geringfügig, so dass juristische Laien (und möglicherweise auch Fachleute) sie nicht weiter bemerken. Doch kommt es auch zu größeren Bewegungen. Wir hatten eine solche Dynamik bereits grundsätzlich für Begriffe festgestellt; sie gilt auch für Begriffe in der Rechtsprechung.

Rechtsbegriffe können entsprechend so verstanden werden, dass sie die vielen einzelnen Fälle in sich aufnehmen, auf die sie angewendet werden. Dies lässt sich auch an dem erklären, was Richter*innen tun. Wer einen Fall beurteilt, bezieht sich immer auch darauf, wie andere ähnliche Fälle beurteilt haben (dies gilt nicht nur für das bereits erwähnte Case Law). Eine Richterin bezieht sich nicht nur, ausgerüstet mit einem enormen Schatz an Rechtsbegriffen, auf ein einzelnes Geschehen. Unter Bezug auf bereits vorliegende Urteile anderer Richter*innen orientiert sie sich an den vielen anderen Geschehnissen, die durch diese Urteile beurteilt wurden.

Nun mag man einwenden, dass all das vielleicht für rechtliche Praktiken gilt, die sich – wie vielfach im angelsächsischen Bereich – nicht auf fixierte Gesetze stützen, im Falle fixierter Rechte – wie zum Beispiel in Deutschland – die Sache aber anders gelagert sei. Dort würden die in Gesetzestexten formulierten Normen einfach als solche angewendet. Doch ist der Unterschied kleiner, als man denken würde. Der Philosoph Ronald Dworkin (1931–2013) rekurriert auf die Künste, um die Praxis des Case Law in ein Bild zu fassen: Eine Richterin agiere wie eine Autorin beim Schreiben eines Kettenromans.[1] Ihre kreative Weiterentwicklung des Rechts bedeute, dass sie gleichzeitig als Kritikerin der Richter*innen agiere, die vor ihr geurteilt hätten, und als Autorin, die sich dem kritischen Blick der ihr Nachfolgenden aussetze.

Auch Günter Hirsch (*1943), der ehemalige Präsident des Bundesgerichtshofs, zieht zur Erklärung der Tätigkeit eines Richters eine künstlerische Praxis heran. Ihm geht es um ein Bild für ein Rechtssystem, in dem Gesetzestexte eine zentrale Rolle spielen. Er vergleicht das Verhältnis »des Richters zum Gesetzgeber« mit dem »des Pianisten zum Komponisten« und charakterisiert entsprechend die Tätigkeit des Richters: Dieser »interpretiert die Vorgaben, mehr oder weniger virtuos, er hat Spielräume, darf aber das Stück nicht verfälschen«.[2] Einschlägig ist in diesem Zusammenhang auch die Praxis des Kommentars von Gesetzestexten: Auch wenn Normen in Gesetzen festgeschrieben sind, müssen diese Gesetze ausgelegt werden. Dies geschieht unter anderem dadurch, dass Jurist*innen die Gesetze kommentieren. Jeder neue Kommentar ändert die Auslegung des Gesetzes. Man könnte sogar behaupten, dass dies zu einer Änderung des Gesetzes selbst führt.

Dabei spielt wiederum auch die Urteilspraxis von Richter*innen eine entscheidende Rolle. Auch die von ihnen beurteilten Fälle führen zu Veränderungen in der Auslegung der Gesetze. Wenn neue Urteile zustande kommen, finden die mit ihnen verbundenen Änderungen der Auslegung einer gesetzlich verankerten Rechtsnorm über kurz oder lang auch Eingang in die Kommentare. Insofern findet dort, wo das Recht in Gesetzen fixiert ist, zwischen denjenigen, die kommentierend oder urteilend mit Gesetzen befasst sind, eine ständige Diskussion über die Bedeutung der jeweiligen Gesetze statt. Auch in dieser Diskussion kommt es zu einer Änderung der Rechtsnormen.

Was heißt nun all dies für ein angemessenes Urteil? Um sich auf die Eigenart dessen, was geschehen ist, einzustellen, muss man die Rechtsnormen, die man ins Spiel bringen möchte, auf Distanz halten. Wenn man sie einfach so fortsetzt, wie sie in anderen Fällen ausgelegt wurden, droht die Spezifik des vorliegenden Geschehens übergangen zu werden. Man muss den Rechtsbegriff, um den es geht, in Frage stellen. Nur dann kann man ihn daraufhin ausrichten, dass er dem spezifischen Geschehen gerecht wird.

Wenn aber die Rechtsnorm in jedem Urteil, in dem sie in angemessener Weise ins Spiel kommt, in Frage gestellt werden muss, ist notwendigerweise unklar, wie sie genau anzuwenden ist. Man kann nicht wissen, wie man sie genau verändern muss, damit sie in diesem Falle passt. Das bedeutet aber, dass Improvisation erforderlich ist. Die Rechtstheoretikerin Sara Ramshaw und der Musikwissenschaftler Paul Stapleton sprechen deshalb in diesem Zusammenhang von einer »improvisatorischen Kreativität im Herzen des Rechts«[3]. Man muss die Ungewissheit zulassen, die darin besteht, dass unklar ist, wie die Rechtsnorm weiter auszulegen ist. Dies gilt unabhängig davon, ob die Rechtsnorm in einem Gesetz fixiert ist oder im Rahmen einer richterlichen Praxis ohne Fixierung weitergegeben wird.

Dabei bedeutet Improvisieren kein *anything goes*. Gerade im Recht ist das evident. Eine Richterin kann nicht einfach für sich beschließen, was hinfort als Mord gelten soll. Selbst wenn sie dies vorhätte, würde sie von zukünftigen Richter*innen ausgebremst. Denn die, die nach ihr urteilen, verhalten sich zu der Auslegung von ›Mord‹, die die aufmüpfige Richterin vorgenommen hat. Entscheidend ist dabei die Antwort zukünftiger Richter*innen auf folgende Frage: Handelt es sich bei der neuen Auslegung um eine Auslegung, an die man anschließen sollte, oder nicht? Bietet die Auslegung eine plausible und bewahrenswerte Weiterentwicklung der Rechtsnorm – eine Allgemeingültigkeit, die auch in der Zukunft Bestand hat beziehungsweise haben sollte? Oder sollte sie, anders herum, den Standard dessen, was hinfort als Mord gilt, nicht beeinflussen?

Richter*innen müssen in ihren Entscheidungen drei Punkte besonders beachten:

Erstens müssen sie dem spezifischen Geschehen, das es zu beurteilen gilt, gerecht werden.

Zweitens müssen sie dabei in plausibler Weise an die Tradition der Auslegung der Rechtsnormen, die sie ins Spiel bringen, anschließen.

Und drittens müssen sie in einer Weise urteilen, dass zukünftige Richter*innen ihr Urteil als maßgeblich für weitere Urteile in Bezug auf die in Frage stehende Rechtsnorm verstehen. Was ein bestimmtes Urteil im Rahmen der rechtlichen Praxis bedeutet, entscheidet sich daran, ob und wie es angeschlossen wird. Insofern ist alles rechtliche Urteilen an die Zukunft gebunden.

Nennen wir das den Dreiklang der Improvisation: Improvisieren ist erstens ein Handeln, das auf die Besonderheiten einer spezifischen Situation, auf die man so nicht vorbereitet ist, eingeht. Dabei setzt es zweitens Handlungsweisen fort, die bereits etabliert sind. Und drittens misst sich jedes Improvisieren daran, ob es für zukünftige improvisatorische Handlungen ein Muster abgibt, auf das man sich in der Weiterentwicklung einer improvisatorischen Praxis stützt.

In einer Jazz-Improvisation ist solch ein ›Dreiklang‹ offensichtlich gegeben. Denken wir an das Zusammenspiel von Miles Davis und John Coltrane in »So What«, einem Stück auf dem legendären Album *Kind of Blue* (1959). John Coltrane setzt sein Solo so an, dass er von Miles Davis übernimmt. Er antwortet auf die von Davis etablierte Struktur, fügt dieser allerdings in seiner charakteristischen Weise und Geschwindigkeit seine klangflächenartigen Arpeggios hinzu und entwickelt das Spiel so weiter. Wiederum wird diese Weiterentwicklung von Bill Evans (1929–1980) am Klavier aufgegriffen. Das Spiel Coltranes zeigt in dieser Weise den Dreiklang: Es reagiert auf eine spezifische Situation des Zusammenspiels mit Klavier, Bass und Schlagzeug; es greift dabei Strukturen auf, die Miles Davis etabliert hat, und entwickelt sie fort; und nicht zuletzt setzt es sich den Weiterführungen aus, die die Improvisation nach ihm erfährt.

Bei der Analogie zur Musik dürfen wir einen Unterschied jedoch nicht übersehen: In der rechtlichen Praxis ist der Dreiklang nicht wie im Jazz in einer gewissen Spontaneität, in ›real time‹, realisiert, sondern zieht sich über viele Urteile und damit Jahre oder oftmals Jahrzehnte hinweg. Die Tradition, in der eine Richterin sich bewegt, erstreckt sich über lange Zeiträume, und die Zukunft, die auf sie folgt, umfasst eine unbestimmte Anzahl von Jahren oder Jahrzehnten. Man könnte hier also von einer Improvisation sprechen, die von Urteil zu Urteil zu noch weiteren Urteilen reicht, über lange Zeiträume hinweg, begleitet von viel Überlegung und Diskussion.

In den sogenannten *Critical Legal Studies* und in der Bewegung *Law and Literature* – die beide in den 1970er Jahren in den USA entstanden – wurde besonders der improvisatorische Charakter rechtlicher Praxis herausgearbeitet. Beide Bewegungen betonen die prinzipielle Unbestimmtheit des Rechts und die Notwendigkeit, es kritisch weiterzuentwickeln. Die Unbestimmtheit, um die es hier geht, haben wir bislang mit dem Gedanken zu fassen versucht, dass ein spezifisches Geschehen nicht aus sich heraus mit einer Rechtsnorm verbunden ist. Das Geschehen fordert die Rechtsnormen, die auf es angewendet werden, vielmehr heraus. Die Anwendung der Norm bricht auf diese Weise strukturell gesehen immer auch mit der Norm. Sie folgt ihr nicht einfach nur blind.

Es ist hier – so könnte man im Sinne der *Law and Literature*-Bewegung sagen – genauso wie bei der Interpretation eines literarischen Textes: Der Text ist zwar Anlass interpretatorischer Bemühungen, gibt aber nicht vor, wie er zu interpretieren ist. Jede Interpretation fügt ihm eine neue Perspektive hinzu, die sich nicht einfach aus dem Text heraus ableiten lässt. Insofern ist alle Auslegung von Unbestimmtheit und Ungewissheit geprägt und fordert eine kritische Auseinandersetzung mit dem, was angemessen und gerechtfertigt ist.

Entscheidend ist, die Unbestimmtheit beziehungsweise Ungewissheit nicht als Defizit zu begreifen. Vielmehr handelt es sich um eine zentrale Errungenschaft des Rechts (wie der Interpretation von Literatur). Stellen wir uns für einen Moment vor, wie es wäre, wenn das Recht mechanisch funktionieren würde. Es stünde dann immer bereits im Vorhinein fest, wie ein spezifisches Geschehen zu beurteilen ist. In einem solchen Fall wären Rechtsnormen ein enges Korsett für die gesellschaftliche Praxis. Wir könnten aus diesem Grund gesellschaftlichen Entwicklungen – wie zum Beispiel einem neuen Familienbild oder einer veränderten Einschätzung der von Kraftfahrzeugen ausgehenden Gefährdungen – im Recht keine Rechnung tragen.

Da das Recht aber nicht mechanisch verfasst ist, erlaubt es eine Weiterentwicklung im Zusammenhang mit einer sich ändernden Welt und Gesellschaft. Und mehr noch: Das Recht kann selbst zu dieser Weiterentwicklung beitragen. Für diese Möglichkeit ist jedoch unerlässlich, dass das Recht unbestimmt ist und bleibt. Die Unbestimmtheit ist erforderlich, um das Recht immer wieder auf sich wandelnde gesellschaftliche Verhältnisse hin zu aktualisieren und es in diese Verhältnisse in aktualisierter Form einzubringen.

Nun könnte genau eine solche Verteidigung der Offenheit rechtlicher Normen die Sorge wecken, es werde einer ideologischen und politischen Instrumentalisierung des Rechts das Wort geredet. Geht man davon aus, dass das Recht auf eine stete Aktualisierung angelegt ist, klingt dies, als könne jeder aus dem Recht machen, was sie oder er will.

Doch ist dies nicht der Fall. Wie wir bereits gesehen haben, sieht sich jedes rechtliche Urteil mit der Anforderung konfrontiert, sich vor zukünftigen Richter*innen zu bewähren. Und die unterschiedlichen Rollen von Richter*innen, Staatsanwält*innen und Verteidiger*innen sorgen dafür, dass sich in jeder Rechtsfindung unterschiedliche Perspektiven aneinander abarbeiten. Nicht zuletzt wurden Berufungen und Revisionen als Verfahren etabliert, um Instrumentalisierungen des Rechts zu verhindern. Keine Aktualisierung kann so allein aus einer wie immer gearteten Gegenwart oder aus spezifischen gesellschaftlichen oder politischen Interessen heraus bestimmen, was angemessen ist. Eine solche Bestimmung ist, sofern das Rechtssystem funktioniert, letztlich erst aus der Zukunft heraus bzw. im Rückblick möglich.

In den unterschiedlichen Rollen (Anklage, Verteidigung und Gericht), die für die Rechtsfindung entscheidend sind, zeigt das Recht seine Verwandtschaft zum Gespräch. Die unterschiedlichen Parteien fordern sich wechselseitig heraus. Sie unterbrechen sich und entwickeln rhetorische Strategien, um sich wechselseitig zu überrumpeln. Im Recht sind die Unterschiede der Rollen von Anklage, Verteidigung und Richter*innen im Sinne der Grundstruktur des Gesprächs auf Widerspruch und Konflikt hin angelegt. Was Recht ist, wird im Streit geklärt.

Niemand improvisiert im Recht also für sich allein. Das Urteil wird nicht einfach aus der isolierten Perspektive einer einzelnen Richterin heraus gesprochen. Es kommt zustande, indem Perspektiven anderer zugelassen und abgewogen werden.

Erst aus unterschiedlichen Perspektiven heraus betrachtet lässt sich klären, ob und wie genau eine Rechtsnorm auf das betreffende Geschehen zutrifft und wie diese Norm mit Blick auf dieses Geschehen verändert werden muss.

Auseinandersetzungen zwischen unterschiedlichen Perspektiven sind ein wesentlicher Aspekt von Improvisationen insgesamt. Empirische Untersuchungen legen nahe, dass die Wahrnehmung einer in der Improvisation geteilten Situation unter den Improvisierenden nicht deckungsgleich sein muss. Auch wenn in ihren Improvisationen ein gemeinsames Spiel entsteht, kann die Gemeinsamkeit gerade aus der Unterschiedlichkeit der Einschätzungen erwachsen.[4] Die Improvisation entwickelt sich oftmals aus einer gemeinschaftsstiftenden Kontroverse heraus. Und ähnlich verhält es sich auch im Recht.

Den improvisatorischen Charakter der Rechtspraxis kann man mit dem Begriff der Freiheit auf den Punkt bringen. Kommen wir dafür noch einmal auf den Unterschied zur quasi mechanischen Urteilsfindung zu sprechen. Wäre die Anwendung rechtlicher Normen ein Automatismus, wären wir im Recht unfrei. Tatsächlich aber ist das Recht eine Institution, die innerhalb gesellschaftlicher Zusammenhänge Freiheit eröffnet. Alle Mitglieder einer Gesellschaft können grundsätzlich an das Recht appellieren und eine rechtliche Auslegung bestimmter Ereignisse fordern. Das Recht eröffnet ihnen die Freiheit, etwas von sich aus geltend zu machen. Wäre alles im Recht fixiert, wäre solches nicht möglich. Da das Recht aber improvisatorisch verfasst ist, kann grundsätzlich jedes Individuum seine Perspektive einbringen.

Das klingt einigermaßen weltfremd und idealistisch. Es bestehen doch in allen Gesellschaften, die wir kennen, erhebliche Macht- und Partizipationsgefälle. Viele Individuen sehen sich aus diesem Grund überhaupt nicht in der Lage, (ein) Recht für sich einzuklagen. Vielfach führen (soziale, politische, kulturelle)

Verhältnisse dazu, dass sie sich in keinerlei Hinsicht Gehör verschaffen können. Das Recht kann ganz im Gegenteil dazu verwendet werden, um Machtstrukturen zu zementieren. Machtgefälle und nicht zuletzt ein aus ihnen resultierendes Fehlen von Anerkennung prägen gesellschaftliche Wirklichkeiten.

Doch gerade aus dem Grunde, weil dies so ist, ist die improvisatorische Dimension des Rechts in Kämpfen um gesellschaftliche Partizipation entscheidend. So sind unter anderem improvisatorische Aspekte in Praktiken zivilen Ungehorsams wichtig dafür, hegemoniale Strukturen zu durchbrechen und Teilnahme zu eröffnen. Bei einer solchen Partizipation geht es immer auch um das Recht. Gerade dort, wo Partizipation verhindert wird, braucht man das Recht, um sie sich zu erkämpfen. Und genau für diese Kämpfe ist die grundsätzliche Struktur entscheidend, dass jede und jeder ihr oder sein Recht von sich aus geltend machen kann. Wer diese Struktur ins Feld führt, mag zwar auf idealistischen Pfaden unterwegs sein, doch gehören diese zur Grundstruktur des Rechts.

Kommen wir an diesem Punkt noch einmal auf das Improvisieren im Allgemeinen zurück. Die zuletzt am Recht entwickelte Möglichkeit von Individuen, etwas von sich aus hervorzubringen, sich eine Stimme zu verschaffen, gilt im Improvisieren generell. Auch für Coltrane oder Evans besteht sie in der gemeinsamen Improvisation mit Davis. Da sich in der Improvisation wie im Recht die Regeln stets weiterentwickeln, steht grundsätzlich jeder und jedem, die oder der beteiligt ist, die Möglichkeit frei, sich einzubringen und von sich aus Impulse für Veränderungen hervorzubringen – auch gerade gegen die Machtstrukturen, von denen auch künstlerische Improvisationen keineswegs frei sind. Improvisationen leben von solchen Impulsen. So lehrt uns das Recht ein wichtiges Element der für alles Improvisieren zentralen Freiheit: Es geht immer darum, von sich aus etwas beitragen zu können.

Die Zeit des Improvisierens und seine Ungewissheit

Fragt man nach der speziellen Zeit des Improvisierens, so liegt eine Antwort besonders nahe: Das Improvisieren ist an das Hier und Jetzt gebunden. Es fordert uns in einem bestimmten Augenblick und ist von Dringlichkeit geprägt. Den Augenblick, in dem wir gehalten sind zu improvisieren, haben wir bis hierher als die Konfrontation mit einem Impuls oder mit Unerwartetem bestimmt. Wir werden von etwas herausgefordert. Und so müssen wir reagieren. Hier und jetzt.

Doch halten wir einen Moment inne. Wird das, was wir bislang entwickelt haben, mit dieser Bestimmung korrekt gefasst? Das Improvisieren macht aus, dass es mit einer einzigen Reaktion nicht getan ist. Wie wir nicht zuletzt mit Blick auf die improvisatorischen Strukturen im Recht gesehen haben, ist die Reaktion ihrerseits immer als ein neuer Impuls zu begreifen, der seinerseits Reaktionen auslöst. Oder erinnern wir noch einmal an das Gespräch: Hier gibt ein Wort das andere. Jede Antwort, mit der man auf eine Frage reagiert, führt zu einer neuen Frage, zu einem neuen, anderen Punkt oder gar zu einem Widerspruch. Es geht immer weiter. Die Improvisation ist ›ongoing‹.

Entscheidend für die Struktur des Improvisierens ist, dass eine einzelne Handlung nicht für sich allein steht. Sie ist immer mit Handlungen verbunden, die auf sie folgen. Für dieses Moment haben wir in den zurückliegenden Teilen immer wieder die Begriffe ›Impuls‹ und ›Antwort‹ gebraucht. Impulse und Antworten sind in allem Improvisieren miteinander verknüpft. Das gilt für Gespräche ebenso wie für Praktiken in der Chirurgie oder der Politik. Wir verstehen das Improvisieren also falsch, wenn wir es an einer einzelnen Reaktion festmachen. Angemessener ist der Ansatz, dass im Improvisieren immer unterschiedliche Aktionen (als Impulse und Reaktionen) zusammenhängen.

Die Zeitlichkeit der Improvisation muss aus diesem Grund auf besondere Weise bestimmt werden. Das Improvisieren geschieht nicht primär im Hier und Jetzt. Das richterliche Urteil zeigt dies in aller Deutlichkeit. Das Urteil einer Richterin ist ein improvisatorischer Schritt, der in die Zukunft anderer Urteile weist, die an es anschließen werden (oder auch nicht). Zukünftige Urteile bekommen den Auftrag, zu klären, welche Rolle dem Urteil der Richterin im Rahmen der rechtlichen Praxis zukommt. Dabei hat keines der zukünftigen Urteile allerletzte Gültigkeit. Jedes von ihnen stellt seinerseits einen improvisatorischen Schritt dar, der auf weitere zukünftige Urteile verweist. Was auch immer man improvisierend tut, steht nicht für sich und erschöpft sich daher nicht im Hier und Jetzt.

Die Überlegungen zur Zeitstruktur des Improvisierens lassen sich so zusammenfassen: Jedes Improvisieren ist eine Eröffnung von Zukunft. Knapp gesagt handelt es sich beim Improvisieren also um ein gegenwärtiges (Re-)Agieren, das sich weiteren Reaktionen in der Zukunft aussetzt. Diese Reaktionen, die in der Zukunft auf uns warten, betreffen das Verhältnis des gegenwärtigen (Re-)Agierens zu dem Unerwarteten, das zu diesem Zeitpunkt bereits Vergangenheit ist.

Das klingt kompliziert, so dass wir etwas anschaulicher werden sollten: Wenn eine Improvisierende in einem Jazz-Ensemble einen harmonischen Impuls setzt, mit dem ihre Mitspieler*innen nicht gerechnet haben, dann müssen diese Mitspieler*innen reagieren. Wollen Sie dem Impuls Rechnung tragen, können sie nicht einfach in ihren eigenen eingefahrenen Bahnen fortfahren. Jede Reaktion setzt sich dabei ihrerseits weiteren Reaktionen aus. Erinnern wir uns noch einmal an das, was eine Richterin tut: Sie kann nicht einfach für sich festlegen, dass ein bestimmtes vorliegendes Urteil in Bezug auf eine Rechtsnorm (wie einen Mord) paradigmatisch ist. Auch wenn sie sich in einem von ihr gefällten Urteil auf dieses andere Urteil als schlechthin entscheidend für die besagte Norm bezieht, muss sie damit rechnen, dass zukünftige Richter*innen die Sache anders sehen. Die Entscheidung, inwiefern sie mit ihrer Einschätzung, dass das andere Urteil tatsächlich einen paradigmatischen Charakter hat, richtig liegt, muss sie anderen überlassen. Kurz: Die Ungewissheit der Zukunft ist entscheidend für den unumgänglich improvisatorischen Charakter ihres Urteilens.

Die Öffnung auf die Zukunft macht das entscheidende zeitliche Moment allen Improvisierens aus. Derjenige, der etwas tut, dessen Bedeutung im Hier und Jetzt feststehen soll, improvisiert nicht. Er macht einfach etwas. Das Improvisieren zeichnet sich demgegenüber dadurch aus, dass in ihm Beiträge zu einer offenen Entwicklung geleistet werden. Es wäre also ein Fehler, wenn man es allein von Augenblick und Gegenwart her verstehen wollte. Die Öffnung auf die Zukunft hin realisiert eine Spannung zwischen Zeitmomenten: eine Spannung zwischen zurückliegendem Impuls und weiteren zukünftigen Reaktionen, eine Spannung zwischen einem Urteil in der Vergangenheit, das ein Vorbild ist, einer gegenwärtigen Weise, an es anzuknüpfen, und zukünftigen Urteilen, die in ihren Reaktionen dazu Stellung nehmen, wie plausibel aus ihrer Sicht die Anknüpfung ausfällt.

Solche zeitlichen Spannungen sind für alles Improvisieren konstitutiv. Mit einem Bild des Improvisationstheoretikers Keith Johnstone (*1933) gesagt: »Der Improvisierende muss wie ein Mann sein, der rückwärtsgeht. Er sieht, wo er gewesen ist, aber er richtet seine Aufmerksamkeit nicht auf die Zukunft.«[1] Doch selbst wenn dieses Bild wichtige Aspekte der Zeitlichkeit des Improvisierens fasst, können wir ihm nicht restlos zustimmen. Richtig ist, dass eine Improvisierende den

Impuls für ihr Agieren aus der Vergangenheit bezieht. Sie befindet sich aber dabei in einem Prozess, erwartet also den Anschluss an ihren Impuls in der Zukunft – obwohl diese Zukunft notwendig ungewiss bleibt und nicht kalkuliert oder berechnet werden kann. Wie genau ein improvisatorischer Impuls aufgegriffen wird, muss offenbleiben.

Erinnern wir uns noch einmal an das Beispiel des Improvisierens bei der Zubereitung einer Mahlzeit. Wenn ich improvisierend bei einem Gericht das Salz weglasse, kann es sein, dass mich das Ergebnis vom Geschmack her nicht zufriedenstellt. Ich könnte zum Beispiel mit anderen Zutaten eine Korrektur versuchen. Jede neue Zutat (etwa Petersilie) stellt mich dann erneut vor die Frage, wie weiter zu (re-)agieren ist. Geht der nun realisierte Geschmack in die richtige Richtung? Wie kann er ergänzt oder korrigiert werden? Was auch immer ich reagierend tue, realisiert eine zeitliche Spannung zwischen einem ursprünglichen Impuls (dem Weglassen des Salzes) und weiteren zukünftigen Reaktionen. Natürlich kann ich auch einfach zum Spaß das Salz bei einem Gericht weglassen. Dann aber improvisiere ich nicht, sondern mache einfach nur irgendetwas (möglicherweise etwas anderes als sonst üblich). In diesem Fall bin ich lediglich im Augenblick unterwegs. Beim Improvisieren geht es jedoch immer um eine Öffnung auf die Zukunft hin.

Die Zeitstruktur des Improvisierens hat eine entscheidende und dem ersten Augenschein nach paradoxe Konsequenz: Die Ungewissheit geht dem Improvisieren nicht voran, sondern wird in ihm erzeugt. Wenn ein Mitspieler auf einen Impuls reagiert, dann ist ungewiss, wie es weitergeht, was die anderen aus dieser Reaktion machen. Durch seine Reaktion setzt sich der Mitspieler der Ungewissheit aus. Wenn das Salz beim Kochen einfach so von mir weggelassen wird, ist nichts ungewiss. Ungewissheit kommt aber ins Spiel, wenn das Weglassen des Salzes improvisierend geschieht.

Anders gesagt: Die Ungewissheit geht nicht von dem Unerwarteten aus, auf das eine Improvisierende reagiert. Die Ungewissheit liegt darin begründet, dass man sich auf andere Reaktionen hin orientiert, die erst noch kommen werden. Sie nimmt davon ihren Anfang bzw. geht davon aus, dass man sich improvisierend auf die Zukunft hin öffnet.

Diese These darf man jedoch nicht zu eng verstehen. Sie fasst den Zusammenhang von Zukunft und Ungewissheit nicht so, wie wir ihn üblicherweise deuten. Wenn ich wissen will, wie das Wetter morgen ist, kann ich mich zwar mit Vorhersagen (auf der Basis von Wetterdaten und Wettermodellen) annähern – ein Moment von Ungewissheit bleibt jedoch immer. In solch einem Fall können wir von einer prognostischen Ungewissheit sprechen. Im prognostischen Sinn ist die Zukunft – zumindest in komplexeren Zusammenhängen – für uns endliche Geister immer ungewiss.

Das wäre jedoch eine andere Ungewissheit als jene, die für das Improvisieren zentral ist. Im Improvisieren geht es nicht darum, dass ich nicht sicher wissen, sondern dass ich nur ungefähr vermuten kann, wie die anderen antworten werden. Vielmehr besteht die Ungewissheit darin, dass ich erst dann genau wissen kann, was meine Reaktion im Rahmen der Improvisation bedeutet, wenn die anderen geantwortet haben werden. Es handelt sich um eine Ungewissheit, die ich im Hier und Jetzt eingehe, die von mir selbst ausgeht. Ich produziere die Ungewissheit, in dem ich etwas mache, das auf die Reaktionen von anderen wartet und durch diese überhaupt erst in seiner Bedeutung bestimmt wird.

Die Ungewissheit in der Improvisation ist also keine Ungewissheit in Bezug darauf, was die Zukunft bringen wird. Es ist eine Ungewissheit, die Improvisierende dadurch herstellen, dass sie etwas Bestimmtes tun, dass sie sich in bestimmter Weise festlegen. Jede Antwort auf einen Impuls ist in diesem

Sinn eine Festlegung, die ihrerseits als Impuls funktioniert und dadurch Ungewissheit begründet. Was habe ich mit meiner Antwort im Lichte einer Praxis, in der ich mit anderen zusammen interagiere, tatsächlich gemacht? Mit dieser Frage übergebe ich mich anderen, mit denen ich improvisiere – ob real in einem Ensemble oder auch über lange Distanzen und Zeiträume hinweg wie in der juristischen Praxis. Die Ungewissheit in Bezug auf die Zukunft besteht in der Improvisation nicht einfach so. Sie muss vielmehr eingegangen werden.

Diese Stellung der Ungewissheit hat noch eine weitere paradoxe Konsequenz: Eine Improvisation ist strenggenommen niemals fertig. Zweifelsohne lassen sich Improvisationen beenden, und dies kann zum Teil erfolgreich gelingen (denken wir zum Beispiel an die Aufteilung der Soli in vielen Jazzstilen auf die Chorus-Folgen eines Stückes). Doch kann jede Improvisation – nicht nur im Jazz, sondern auch im Management, im Gericht oder beim Fußball – wieder aufgegriffen werden. Gerade bei Jazz-Standards kann man das besonders gut sehen: Standards werden in ihren unterschiedlichen Realisierungen immer weiterentwickelt. So setzt eine neue Improvisation über sie nicht einfach neu an, sondern führt zugleich bereits realisierte Versionen fort.

Im Zusammenhang mit der zeitlichen Struktur des Improvisierens gesehen, ist dies kein Wunder: Was auch immer improvisierend realisiert wird, ist auf Reaktionen in der Zukunft bezogen. Dies gilt auch für eine beendete Improvisation. Sie wartet wie das Urteil einer Richterin oder die Entscheidung im Management eines großen Konzerns auf Reaktionen in der Zukunft. Immer steht in Frage, wie etwas in der Zukunft aufgegriffen und damit bewertet werden wird. Die Ungewissheit, die jedes improvisatorische Tun hervorbringt, treibt dies Tun auch über jedes mögliche faktische Ende hinweg.

Denkt man die Struktur konsequent weiter, bedeutet das:

Das Improvisieren hat auch keinen definitiven Anfang. Alles Improvisieren knüpft an vorangegangene Improvisationen an. Das gilt sowohl für eine Richterin als auch für einen Jazzmusiker. Immer werden hergebrachte Weisen des Improvisierens fortgeführt oder neue Impulse gegen sie realisiert. Auch wenn man sich zu einer gemeinsamen Improvisation verabreden kann, die dann an einem bestimmten Zeitpunkt beginnt, handelt man dabei im Rückgriff auf Vergangenes. Die Offenheit der Zukunft korrespondiert so gesehen mit einer Offenheit der Vergangenheit.

Die prognostische Ungewissheit, wie wir dies genannt haben, erscheint uns oftmals hinderlich zu sein und ist manchmal sogar ärgerlich. Wüssten wir immer genau, wie das Wetter in den nächsten Tagen wird, könnten wir uns auf diese Tatsache genau einstellen. Wir würden vielleicht die Bergtour ausfallen lassen, die wir aus dem Grund, dass wir einen plötzlichen Wettereinbruch so nicht vorhergesehen haben, jetzt abbrechen müssen. Es wäre bestimmt hilfreich, ein wenig genauer in die Zukunft schauen und dadurch etwas informierter planen zu können.

Die Ungewissheit, die sich im Improvisieren zeigt, ist nicht hinderlich. Sie bietet eine Chance und sollte als Chance von uns wertgeschätzt werden. Den Wert, der in ihr liegt, mag folgende Überlegung verdeutlichen: Wenn wir uns anderen gegenüber durch eine Reaktion auf etwas Unerwartetes positionieren, entsteht die Möglichkeit zu einer Auseinandersetzung mit diesem Unerwarteten – und zwar unabhängig davon, ob es von der Welt oder von anderen um uns herum ausgeht. Wir haben betont, dass es bei jeder Reaktion auf was auch immer darauf ankommt, wie diese Reaktion wiederum als Impuls von anderen aufgegriffen wird. Dabei findet eine Auseinandersetzung statt, wie mit etwas Unerwartetem angemessen umzugehen ist. Eine solche Auseinandersetzung erlaubt es uns, zu klären, womit die Welt und andere in dieser Welt uns tatsächlich konfrontieren. Wenn wir die Ungewissheit eingehen, haben wir eine Chance, genau dies herauszubekommen.

Stellen wir uns für einen Moment vor, wir blieben mit unseren Reaktionen auf Unerwartetes allein. Wir würden dann keinerlei Widerstand und keine Korrektur von anderer Seite erfahren. Das würde aber bedeuten, dass wir nicht herausbekommen könnten, womit wir genau konfrontiert sind. Unsere Reaktion hätte in diesem Fall das letzte Wort. Wenn wir uns hingegen mit unserer Reaktion (auch) anderen gegenüber festlegen, setzen wir uns den Korrekturen aus, die sie uns entgegenbringen. Dies erlaubt es uns, durch unsere Reaktion tatsächlich etwas über die Welt und über andere herauszufinden, da auf unsere Reaktion reagiert wird, wir also nicht allein bleiben.

Die Ungewissheit des Improvisierens bildet also ein zentrales Moment seiner explorativen Kraft. Nur improvisierend können wir das erkunden, was uns nicht vertraut ist. Dafür müssen wir Ungewissheiten eingehen. Wenn wir im Raum der Gewissheit verharren, bleiben uns die Welt und die anderen verschlossen. Insofern macht die Ungewissheit eine wichtige Errungenschaft des Improvisierens aus. Sie bildet ein besonders wichtiges Element einer Haltung, mit der wir uns der Welt und anderen gegenüber öffnen.

Die Ungewissheit begründet damit auch ein zentrales Moment des Improvisierens: Improvisieren realisiert Freiheit. Entsprechend wird Improvisieren auch normalerweise verstanden als ein besonders freies, da ungebundenes Tun. Das ist zwar, wie wir deutlich gemacht haben, so nicht richtig, denn das Improvisieren ist von komplexen Bindungen, Vorbereitungen und in ihm realisierten Regeln geprägt. Dennoch trifft es zu, dass alles Improvisieren Freiheit herstellt, und zwar durch die in ihm hergestellte Ungewissheit, die es uns erlaubt, sowohl für selbstverständlich gehaltene Bestimmungen als auch soziale Strukturen und Machtverhältnisse zu hinterfragen. Unter der Voraussetzung, dass Ungewissheiten eingegangen werden, entsteht ein Spielraum dafür, die Zusammenhänge, in denen wir uns (im Recht ähnlich wie in der Medizin, im Gespräch nach einem Film ähnlich wie im Verlauf von Wandlungsprozessen von Organisationen) bewegen, auf Distanz zu bringen. Wir werden dadurch frei, dass andere uns in der Zukunft klarmachen, inwiefern wir mit unserem Tun dem, worum es geht, nicht (ganz) gerecht werden. So zeigen sich die Dinge auch hier noch einmal in einem anderen Licht, als wir es vielleicht erwartet haben: Das Improvisieren setzt Freiheit nicht voraus, sondern stellt sie her.

Wir haben die Überlegungen dieses Essays damit begonnen, dass wir ein verändertes Selbstverständnis angemahnt haben. Menschen sollten sich als Wesen verstehen, deren eigentliche Errungenschaft in der Improvisation besteht. Der Mensch ist ein improvisierendes Tier, oder – wie wir nun sagen können – ein Tier, das von sich aus auf Ungewissheiten produktiv einzugehen vermag. Auf diese Weise kann der Mensch seine festen Kreise immer wieder aufs Neue verlassen und – in Maßen – Freiheit gewinnen. Alle Praktiken und Zusammenhänge, die in diesem Essay angesprochen wurden, haben das gezeigt. Wenn das, was wir in der Medizin, im Recht, auf dem Fußballplatz, in der Diplomatie oder in der Politik machen, erstarrt, weil es sich auf Stereotype und festgefahrene Abläufe beschränkt, verlieren wir den Kontakt zur Welt und damit auch zuletzt den Kontakt zu uns selbst. Das macht uns unfrei. Wir müssen in diesen Praktiken vielmehr Ungewissheiten realisieren, um in Bewegung zu bleiben und dadurch immer wieder mit dem, was uns umgibt, auf Tuchfühlung gehen zu können.

Das Improvisieren ist die Gabe eines Wesens, das sich aus sich heraus zu entwickeln vermag. Wir sollten diese Gabe schätzen lernen, wir sollten sie als das anerkennen, was dem Menschen tatsächlich eigen ist. Paul Simon (*1941) meinte einmal: »Improvisation ist zu wertvoll, um sie dem Zufall zu überlassen.« Sie ist auch zu wertvoll, um sie an den Rand zu drängen – in die Nischen des Jazz und anderer künstlerischer Formen. Sie gehört ins Zentrum unseres Selbstverständnisses. Wir müssen lernen, in ihr unsere eigentliche Chance zu sehen.

Epilog

Improvisieren im Weltmaßstab: Ein Thema wurde noch nicht angesprochen, nämlich die menschengemachte Veränderung des Klimas. Auch im Umgang mit dem Klimawandel wird deutlich, dass Menschen improvisierend unterwegs sind. Es dürfte sich um eine der historisch längsten und komplexesten Improvisationen handeln; viele der heute lebenden Menschen werden nur den ›Auftakt‹ erleben. Die Herausforderungen, vor die der Klimawandel die Menschen stellt, sind enorm, und sie sind mit vielen Ungewissheiten verbunden – Ungewissheiten, die es genau für solche Wesen gibt, für die in der Zukunft etwas auf dem Spiel steht.

Die Erfahrungen aus der weltweiten Pandemie können uns lehren, auch hier das Improvisieren in neuer Weise schätzen zu lernen. Nur dann, wenn wir in der Lage sind, immer wieder neue Impulse aufzunehmen und auf sie zu reagieren, werden wir mit der globalen Herausforderung umzugehen lernen. Wir benötigen eine Kultur des steten Wandels, in der wir auf genau das reagieren, mit dem die Welt und andere uns konfrontieren. Kein einmal gefasster Plan darf und kann so fix sein, dass er nicht auch grundlegend revidiert und noch einmal ganz anders, zum Beispiel noch ehrgeiziger, gefasst werden könnte.

Die zurückliegenden Überlegungen haben eines deutlich gemacht: Es ist ein Missverständnis zu denken, dass Improvisieren Planung ausschließt. Gutes Improvisieren fordert gute Vorbereitung, das Training von Fähigkeiten wie Überlegung und Planung. Nur wer in dieser Weise vorbereitet ist, kann mit Ungewissheiten umgehen. Dieser Gedanke, dem wir als Leitmotiv gefolgt sind, ist in den bereits herangezogenen Worten des Jazzmusikers Lee Konitz prägnant gefasst: »prepare to be unprepared«. Das Unvorbereitete wird erst dadurch wahrnehmbar und produktiv, dass man sich in vielfältiger Weise auf es vorbereitet hat. Das lässt sich auch mit Bezug auf Gesellschaften sagen: Sie müssen sich in ihren Strukturen und Institutionen darauf vorbereiten, mit einer unvorbereiteten Situation umgehen und sie für sich produktiv machen zu können.

Der Umgang mit der menschengemachten Veränderung des Klimas wird anders als die Corona-Pandemie wohl mit sehr viel mehr Planung und Voraussicht verbunden sein (müssen). Es kommt aber jetzt und auch in Zukunft darauf an, entsprechende Planungen immer wieder über den Haufen zu werfen und noch einmal anders anzusetzen – im Sinne eines über große Zeiträume ausgedehnten Improvisierens also. All das wird uns weit mehr Reaktionen abfordern, als wir uns heute vorstellen wollen und können. Wenn wir ausschließlich Gewissheiten suchen, werden wir mit dem, was da von uns verlangt wird, nicht zurande kommen. Nur dann, wenn wir Ungewissheit akzeptieren und – mehr noch – wenn wir sie suchen, werden wir den Herausforderungen irgendwie gewachsen sein. Ob wir sie in ein positives Ergebnis wenden können, ist – wie bei jeder Improvisation – offen.

Anmerkungen

Prolog

1 Eine Vielzahl an Diskussionen, etwa mit Alessandro Bertinetto und Daniel Martin Feige haben uns geholfen, dieses Verständnis zu schärfen. Ihnen gebührt genauso Dank wie Günther Huesmann, Bertram Lomfeld, Christoph Paasch und Robin Rüsenberg für Kommentare zu unterschiedlichen Teilen des Texts sowie Juliane Baruck und Tilman Giustozzi für ihre umfassende und umsichtige Durchsicht.

Warum das Improvisieren oft falsch verstanden wird

1 Kant 1784/2017, S. 7.
2 Kant 1785/2019, S. 52.
3 Bertinetto 2012.

Improvisieren im Jazz und darüber hinaus

1 Jarrett 2003, S. 11.
2 Heile 2016, S. 244.
3 Vorzügliches Material liefert hier die Weimar Jazz Database (https://jazzomat.hfm-weimar.de/dbformat/dboverview.html), eine Kollektion von knapp 500 digital gespeicherten, monophonen Soli. Sie lassen sich online auf ihre Strukturen hin analysieren.
4 Canonne 2018.
5 Jarrett 2003, S. 12.
6 Berkowitz 2010, S. 121 ff.
7 Furtwängler 1949, S. 62.
8 Ebd., S. 63.
9 Schütz 1972, S. 177.
10 Caskel 2019, S. 96.
11 Die Webseite jazzstandards.com listet tausend Stücke auf.

Der Film und die Frage: Lassen sich Improvisationen aufzeichnen?

1 Dörre 2016, S. 15.
2 Doniol-Valcroze 1973.
3 Mouellic 2013, S. 20.
4 Ebd., S. 163.
5 Ranisch 2017.
6 Globokar 1979, S. 25.
7 Feige 2014, S. 105–121.

Das Gespräch

1 Brecht 2012, S. 29.
2 Mastroianni 2021, S. 1.
3 Kleist 1805–06/1984, S. 344.
4 Nietzsche 1873/2015, S. 14.
5 Fricker 2007.
6 Hölderlin, »Friedensfeier«: »Viel hat von Morgen an, / Seit ein Gespräch wir sind und hören voneinander, / Erfahren der Mensch; bald sind wir aber Gesang.« (Hölderlin 2015, S. 82.)

Evolution und die biologischen Grundlagen des Improvisierens

1 Berkowitz 2010, S. 182.
2 Clarke 2015.
3 Lydia Goehr spricht von »improvisation *impromptu*« (Goehr 2016); bei Joel Krueger und Alessandro Salice ist von »inexpert improvisation« (Krueger/Salice 2021, S. 50) die Rede.
4 Taylor 2017.
5 Kivy 1990, S. 25.
6 Roeske/Kelty-Stephen/Wallot 2018, S. 8.
7 Rothenberg 2016, S. 519.
8 McPherson/Limb 2019, S. 551.
9 CD-Titel, 2006.

10 Barrett 2020, S. 11.
11 Dietrich 2017, S. 19.
12 Borgo 2019, S. 114.

Medizin als improvisatorische Praxis?

1 Port 1884, S. 6.
2 Ebd., S. 7.
3 Goehr 2016.
4 Holden 2005, S. 541.
5 Ebd., S. 543.
6 Schmelz 2009, S. 41.
7 Harréus 2018.
8 Kahnemann/Sibony/Sunstein 2021, S. 315.
9 Ebd.
10 Harendza 2020.
11 Shahawy/Watson/Milad 2019, S. 1846.
12 Watson 2011.

Das improvisierende Gewohnheitstier

1 Peirce 1877.
2 Nietzsche 1887/2000, § 295, S. 196.
3 Bertinetto/Bertram 2020, S. 212–215.
4 Gibson 1979, S. 127.

Die Improvisation des Entscheidens: Politik, Organisation – und Fußball

1 Alexander 2017, S. 110.
2 van Middelaar 2019, S. 11.
3 Ebd.
4 Korte 2021.

5 Habermas 1981, S. 52.
6 Korte 2021.
7 Reckwitz 2021, S. 42.
8 Korte 2020, S. 11.
9 Brinkmann [u. a.] 2017, S. 11.
10 Shaw/Stacey 2006.
11 Vgl. Weick 1998.
12 Wachtendorf 2004, S. 256.
13 Williams 2015.
14 Vossebrecher 2011, S. 3.
15 Mitschrift der Pressekonferenz von Bundeskanzlerin Angela Merkel zur aktuellen Lage. 21. Januar 2021.

Das angemessene Urteil: Improvisation im Recht

1 Dworkin 1986, S. 228–238.
2 Hirsch 2006, S. 161.
3 Ramshaw/Stapleton 2017.
4 MacDonald/Wilson 2020, S. 43.

Die Zeit des Improvisierens und seine Ungewissheit

1 Johnstone 1979, S. 119.

Literaturhinweise

Alexander, Robin: Die Getriebenen. Merkel und die Flüchtlingspolitik: Report aus dem Innern der Macht. München 2017.

Barrett, Karen C. [u. a.]: Classical Creativity: A Functional Magnetic Resonance Imaging (fMRI) Investigation of Pianist and Improviser Gabriela Montero. In: NeuroImage 209 (2020) Art. 116496. Online: https://doi.org/10.1016/j.neuroimage.2019.116496.

Berkowitz, Aaron L.: The Improvising Mind. Cognition and Creativity in the Musical Moment. Oxford 2010.

Bertinetto, Alessandro: Performing the Unexpected, Improvisation and Artistic Creativity. In: Daimon: Revista Internacional de Filosofía 57 (2012) S. 117–135.

– / Bertram, Georg W.: We Make Up the Rules as We Go Along: Improvisation as an Essential Aspect of Human Practices? In: Open Philosophy 3 (2020) S. 202–221.

Borgo, David: Strange Loops of Attention, Awareness, Action and Affect in Musical Improvisation. In: Ruth Herbert / David Clarke / Eric Clarke (Hrsg.): Music and Consciousness 2. Oxford 2019. S. 113–124.

Brecht, Bertold: Geschichten von Herrn Keuner. Frankfurt a. M. 2012.

Brinkmann, Henrik [u. a.]: Ökonomische Resilienz. Schlüsselbegriff für ein neues wirtschaftspolitisches Leitbild? In: Bundesministerium für Wirtschaft und Energie: Inklusives Wachstum für Deutschland. Gütersloh 2017.

Caskel, Julian: Die Notwendigkeit der Interpretation und die (Un-) Möglichkeit der Improvisation. In: Anke Steinbeck (Hrsg): Auf der Suche nach dem Ungehörten. Improvisation und Interpretation in der musikalischen Praxis der Gegenwart. Köln 2019. S. 95–111.

Canonne, Clément: Listening to Improvisation. In: Empirical Musicology Review 13 (2018) Nr. 1–2, S. 2–15.

Clarke, Julia: Machine Thought Will Never Have More Than a Metaphorical Relationship with Human Thought. In: John Brockman (Hrsg.): What Do You Think About Machines That Think? The 2015 Annual Edge Question. S. 576.

Dietrich, Arne: Vom Wahrnehmen direkt zum Handeln. (Im Gespräch mit Steve Ayan). In: Gehirn & Geist 4 (2017) S. 19–21.

Doniol-Valcroze, Jacques: Aus: *Die Geheimnisse von Paris*. Dokumentarfilm von Wilfried Reichart. WDR 1973.

Dörre, Robert: Ohne Drehbuch. Zur Theorie und Ästhetik der Improvisation im Spielfilm am Beispiel des German Mumblecore. Masterarbeit. Universität zu Köln 2016.

Dworkin, Ronald: Law's Empire. Cambridge 1986.

Feige, Daniel M.: Philosophie des Jazz. Berlin 2014.

Fricker, Miranda: Epistemic Injustice: Power and the Ethics of Knowing. Oxford 2007.

Furtwängler, Wilhelm: Gespräche über Musik. Zürich 1949.

Gibson, James J.: The Ecological Approach to Visual Perception. Boston 1979.

Globokar, Vinko: Reflexionen über Improvisation. In: Reinhold Brinkmann (Hrsg): Improvisation und Neue Musik. Mainz 1979. S. 24–41.

Goehr, Lydia: Improvising Impromptu, Or, What to Do with a Broken String. In: George E. Lewis / Benjamin Piekut (Hrsg.): The Oxford Handbook of Critical Improvisation Studies 1 (2016). Online: https://doi.org/10.1093/oxfordhb/9780195370935.013.010

Gschirhakl, Johann: Feldärztliche Improvisationen. Wien 1896.

Habermas, Jürgen: Theorie des kommunikativen Handelns. Bd. 1. Frankfurt a. M. 1981.

Harendza, Sigrid: Improvisation – eine neue Strategie in der medizinischen Ausbildung? In: GMS Journal for Medical Education 37 (2020) Nr. 4. Online: https://doi.org/10.3205/zma001337

Harréus, Ulrich: Interview. Düsseldorf. 6. Dezember 2018.

Heile, Björn: Play It Again, Duke: Jazz Performance, Improvisation, and the Construction of Spontaneity. In: B. H. / Peter Elsdon / Jennifer Doctor (Hrsg): Watching Jazz. Encounters with Jazz Performances on Screen. Oxford 2016. S. 239–266.

Hirsch, Günter: Der Richter wird's schon richten. In: Zeitschrift für Rechtspolitik 39 (2006) Nr. 5. S. 161.

Holden, Peter J.: Improvising in an Emergency. In: The New England Journal of Medicine 353 (2005) Nr. 6. S. 541–543.

Hölderlin, Friedrich: Friedensfeier. In: F. H.: Gedichte. Eine Auswahl. Hrsg. von Gerhard Kurz. Stuttgart 2015.

Jarrett, Keith: Scattered Words. Gräfelfing 2003.
Johnstone, Keith: Improvisation and the Theatre. London 1979.
Kahnemann, Daniel / Sibony, Olivier / Sunstein, Cass R.: Noise. Was unsere Entscheidungen verzerrt – und wie wir sie verbessern können. München 2021.
Kant, Immanuel: Beantwortung der Frage: Was ist Aufklärung? [1784] In: I. K.: Denken wagen. Der Weg aus der selbstverschuldeten Unmündigkeit. Stuttgart [4]2017. S. 7–16.
– Grundlegung zur Metaphysik der Sitten [1785]. Hrsg. von Theodor Valentiner. Stuttgart 2019.
Kivy, Peter: Music Alone. Philosophical Reflections on the Purely Musical Experience. Ithaka 1990.
Kleist, Heinrich von: Über die allmähliche Verfertigung der Gedanken beim Reden [1805–06]. In: H. v. K.: Sämtliche Erzählungen und andere Prosa. Nachw. von Walter Müller-Seidel. Stuttgart 1984. S. 340–346.
Korte, Karl-Rudolf: Politische Entscheidungszumutungen: Deutsche Einheit 1989/90 und Corona-Politik 2020. In: Zeitschrift für Politikwissenschaft 30 (2020) S. 459–471.
– Politische Mechanik: Über Entscheidungsheuristiken in der Politik. In: K.-R. K. / Gerd Scobel / Taylan Yildiz: Heuristiken des politischen Entscheidens. Berlin 2021.
Krueger, Joel / Salice, Alessandro: Towards a Wide Approach to Improvisation. In: James McGuirk / Susanne Ravn / Simon Høffding (Hrsg): Philosophy of Improvisation. Interdisciplinary Perspectives on Theory and Practice. New York 2021. S. 50–69.
MacDonald, Raymond A. R. / Wilson, Graeme B.: The Art of Becoming. How Group Improvisation Works. New York 2020.
Mastroianni, Adam [u. a.]: Do Conversations End When People Want Them to? In: Proceedings of the National Academy of Sciences 118 (2021) Nr. 10. Online: https://doi.org/10.1073/pnas.2011809118
McPherson, Malinda J. / Limb, Charles J.: Improvisation: Experimental Considerations, Results, and Future Directions. In: Peter J. Rentfrow / Daniel J. Levitin (Hrsg): Foundations in Music Psychology: Theory and Research. Cambridge 2019. S. 547–563.
Middelaar, Luuk van: Alarums and Excursions. Improvising Politics on the European Stage. Newcastle upon Tyne 2019.

Mouellic, Gilles: Improvising Cinema. Amsterdam 2013.
Nietzsche, Friedrich: Über Wahrheit und Lüge im außermoralischen Sinne [1873]. Hrsg., komm. und mit Nachw. von Kai Sina. Stuttgart ^{4}2015.
– Die fröhliche Wissenschaft [1887]. Nachw. von Günter Figal. Stuttgart 2000.
Peirce, Charles S.: Die Festlegung einer Überzeugung [1887]. In: Philosophie des Pragmatismus. Ausgewählte Texte von Charles Sanders Peirce, William James, Ferdinand Canning Schott Schiller, John Dewey. Mit einer Einl. hrsg. von Ekkehard Martens. Stuttgart 2015. S. 61–98.
Port, Julius: Taschenbuch der Feldärztlichen Improvisationstechnik. Stuttgart 1884.
Ramshaw, Sara / Stapleton, Paul: Just Improvisation. In: Critical Studies in Improvisation 12 (2017) Nr. 1. Online: https://doi.org/10.21083/csieci.v12i1.3977
Ranisch, Axel: Interview. Lossburg. 7. Februar 2017.
Reckwitz, Andreas: Die neue Politik des Negativen. In: Der Spiegel Nr. 10. 6. März 2021. S. 42–44.
Roeske, Tina / Kelty-Stephen, Damian / Wallot, Sebastian: Multifractal Analysis Reveals Music-like Dynamic Structure in Songbird Rhythms. In: Scientific Reports 8 (2018) Nr. 1. Online: https://doi.org/10.1038/s41598-018-22933-2
Rothenberg, David: Interspecies Improvisation. In: George E. Lewis / Benjamin Piekut (Hrsg): The Oxford Handbook of Critical Improvisation Studies. Oxford 2016. Bd. 1. S. 500–522.
Schmelz, Martin: Improvisation vs. Methode – Medizinische Grundlagenforschung. In: Maximilian Gröne [u. a.] (Hrsg): Improvisation. Kultur- und lebenswissenschaftliche Perspektiven. Freiburg i. Br. / Berlin / Wien 2009. S. 37–42.
Shahawy, Sarrah / Watson, Katie / Milad, Magdy P.: The Stretch Circle: A Preoperative Surgical Team Improvisation Exercise. In: Academic Medicine 94 (2019) Nr. 12. S. 1846.
Shaw, Patricia / Stacey, Ralph D. (Hrsg.): Experiencing Risk, Spontaneity and Improvisation in Organizational Change: Working Live. London / New York 2006.

Schütz, Alfred: Gemeinsam Musizieren. In: A. S.: Gesammelte Aufsätze. Bd. 2. Den Haag 1972. S. 129–150.
Taylor, Hollis: Is Birdsong Music? Outback Encounters with an Australian Songbird. Bloomington 2017.
Vossebrecher, David: Fußball, Muster und organisationale Improvisation. Beitrag zur Abschlusstagung des Projekts ›Music, Innovation, Corporate Culture‹ (MICC) am 13.–14. Juli 2011 in Essen. MICC Working Paper Nr. 1611 (2011).
Wachtendorf, Tricia: Improvising 9/11: Organizational Improvisation Following the World Trade Center Disaster. Dissertation. University of Delaware 2004.
Watson, Katie: Perspective: Serious Play: Teaching Medical Skills With Improvisational Theater Techniques. In: Academic Medicine 86 (2011) Nr. 10. S. 1260–1265.
Weick, Karl E.: Improvisation as a Mindset for Organizational Analysis. In: Organization Science 9 (1998) Nr. 5. S. 543–555.
Williams, Richard: Interview. Berlin. 9. November 2015.
Wilson, James G.: The Triumph of Improvisation. Gorbachev's Adaptability, Reagan's Engagement, and the End of the Cold War. Ithaka/London 2014.

Zu den Autoren

GEORG W. BERTRAM, geb. 1967. Seit 2007 Professor für theoretische Philosophie (Schwerpunkte: Ästhetik und Sprachphilosophie) an der Freien Universität Berlin. 2002 bis 2007 Juniorprofessor für Philosophie an der Universität Hildesheim. 2004 Forschungsaufenthalt an der University of Pittsburgh. Seit 2021 Sprecher des interdisziplinären, von der Deutschen Forschungsgemeinschaft geförderten Graduiertenkollegs ›Normativität, Kritik, Wandel‹ (GRK 2638). Gastprofessuren an den Universitäten Wien, Turin, Roma Tre und IULM Mailand.

Buchveröffentlichungen (Auswahl): *Kunst. Eine philosophische Einführung* (2005), *Sprachphilosophie zur Einführung* (2011), *Kunst als menschliche Praxis. Eine Ästhetik* (2014), *Hegels »Phänomenologie des Geistes«. Ein systematischer Kommentar* (2017).

MICHAEL RÜSENBERG, geb. 1948. Jazzpublizist (WDR 1973-2019, SWR, DLF, jazzcity.de), Moderator (gedankenspruenge.net), Klangkünstler (realambient.de).

Buchveröffentlichungen (Auswahl): *Demoskopie im Konzertsaal* (1986, mit Rainer Dollase, Hans J. Stollenwerk), *Sinfonie des Lebens. Funkkkolleg Musik* (2011, hrsg. mit Volker Bernius).

Adolf Grimme Preis, 1989. Ehrenpreis des WDR Jazzpreises für sein journalistisches Lebenswerk (2015).